イノベーションする AI

INNOVATING AI

武藤佳恭
TAKEFUJI YOSHIYASU

宇田川誠
UDAGAWA MAKOTO

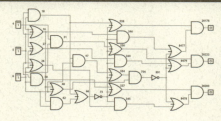

春秋社

序　科学とは脆弱で暫定的なもの

　皆さんは、「科学や法則はつねに正しいもの」と思っていませんか。また学校でそのように教えられてきませんでしたか。しかし長い目で見ると、それは大きな間違いであることがあります。

　当たり前の知識として学校で習った科学に関することが、後の研究で批判され、新たな発見によって否定されることはしばしば起こります。つまり、科学とは、頑強で万全なものではないということです。生み出された当時としては正しいものであっても、新しい科学の発明や発見によってそれ以前の科学の知識が批判されることがあります。したがって、科学とは脆弱で暫定的なものと思った方が良いのです。

　たとえば、皆さんが小学生の時に習ったオームの法則があります。そのオームの法則を理解するために、電池、モーター、豆電球などを使って理科の実験を行ったと思います。ところが、これはあくまでも実験のための式であり、永久不滅の科学法則ではありません。

　オームの法則は、電圧 V、電流 I、抵抗 R との関係式、すなわち $V=IR$（電圧は電流と抵抗に比例する）のことを指します。ここでの抵抗値 R は、直列につないでいけば大きくなることを実験で確認したでしょう。つまり、電池に 1 個、2 個、…と、豆電球を増やしながら直列につないでいくと、豆電球の合成抵抗値が豆電球の数に比例して大きくなるので、豆電球の光はだんだん暗くなります。ところが、豆電球を並列につなぐと合成抵抗が小さくなるので、豆電球の消費電流は大きくなり、電池の減りは早くなるのです。

　最近では科学技術が発達し、金（Au）を伸ばして金の分子ひとつひとつ

…を直列に接続することが可能になりました。オームの法則によれば、金の分子数に比例して抵抗値 R も増えるはずですが、金の抵抗値 R の場合には、金の分子を複数個直列に並べても抵抗値が単純に比例していかないことがわかったのです。これらの抵抗は、量子化抵抗と呼ばれています。

このように新しい技術が開発されることで、これまでできなかった実験が可能になり、新しい発見が生まれます。この新しい発明や発見によって、今まで広く知られていた法則や関係式、公式が通用しなくなる場合が起こり得るのです。量子の世界では、単純な足し算や引き算では説明がつかない非線形の摩訶不思議な世界が広がっています。なぜそうした現象が起こるのか、それは誰にもわかりません。

理論物理学とは、自然現象に合わせて物理学者が作ったモデルであり、それがどこまで通用するのか、また、その法則がそれぞれの状況でほんとうに正しいかどうかは、誰も知り得ないのです。まったく異なる別のモデルでも、同じ振る舞いをする可能性があるからです。つまり、同じ振る舞いをする物理モデルが他に存在しないことを数学的に証明しない限り、現在の理論物理学のモデルが正しいとはいいきれないのです。

そこで、われわれは科学の真実とはつねに暫定的であり、たとえ証明されたことでも、それが永久に続くわけではないということを念頭に置いて立ち向かわなければなりません。

本書では、皆さんが常識と思われていることが、ともすると近年では変わっているかもしれません。AI を用いた最新の科学的考え方とその具体例を中心に取り上げました。

第1章ではイノベーションを起こすためには限界をどう突破していくのか、その考え方と AI の使い方について説いていきます。第2章では、AI 時代にはどのような教育が必要なのか、その実例としてアンサンブル機械学習とディープラーニングについて解説していきます。第3章はセキュリティについてです。人工知能時代を生きるために基本的なセキュリティについてどのように考えれば良いのか、AI の仕組や考え方の基礎を

紐解いていきます。そして第 4 章では世界の科学雑誌 Science 誌で議論されているさまざまな話題を中心に「科学常識のウソ、ホント」を再発見してみたいと思います。さらに特別付録では、スパコンをつくって見よう！ということで、つくり方の一例をご紹介します。

個人でスパコンを持てる時代がやってくると、誰が予想したでしょう。そうした驚くべき社会変革がいま、皆さんの目の前で起きているのです。その代表が AI です。

これまでは、文系理系に分かれコンピュータサイエンスは理系が扱う分野とされていました。ところが今や文系だから…という理由が成り立ちません。

AI は「習うより慣れる」ことが重要です。本書では、各実例についてパソコンを使って実践しながら読み進めることで、理解を深められるように構成してあります。各章のどこからでも興味のあるところから進めてみてください。もちろん、パソコンなしで読み進めることも可能です。その場合には、網かけの太枠部分（■　■）を読み飛ばしていただければ幸いです。

イノベーションするAI

contents

序 科学とは脆弱で暫定的なもの······i

第1章
ブレークスルー······**3**

1．限界突破のブレークスルー······5

2．イメージ探る検索術······8

3．GPUで壁を超える······10

    一言コラム **みんなが知っているブレークスルー**······14

4．人工推論ツールを味方にしよう！······16

    一言コラム **大企業でイノベーションを逃す？**······26

5．確率でノイズが消えるGPS······30

6．抽象化とモジュール化が人工知能も発展させてきた······32

第2章
人工知能······**35**

1．AI時代の教育······37

2．AIとは何だろう······40

   (1) 機械学習のいろは······41

   (2) コンピュータが目と耳をもつ······43

   (3) AIはコミュニケーション······44

   (4) 集めて高性能にするアンサンブル機械学習······46

   (5) GPUが手助けするディープラーニング······48

3. 多様なAI機械学習 ································· 51

(1) 重回帰とAIでアイスクリームの売上を予測する ·············· 51

一言コラム データの公開はどうあるべき？ ···················· 57

(2) 手書き数字をAIで認識 ································· 58

(3) AIが物体を識別し数をかぞえる ······················ 63

(4) AIが強化学習で囲碁将棋の世界チャンピオンに！ ·········· 70

一言コラム コンピュータアルゴリズムは人間の裁判官よりも優秀？ ········ 74

第3章

セキュリティ ································· **77**

1. サイバーセキュリティ問題が怖い ················· 79

2. セキュリティのABC ······················· 82

(1) セキュリティ問題にはどんなものがある？ ··············· 82

(2) 情報は高価なもの？ ································· 84

(3) IT技術の進歩は止まらない ························· 85

(4) 何もしないことは悪いこと？ ························· 86

(5) 大事なものがなくても守る世界 ······················ 87

(6) セキュリティは完全ではない？ ······················ 87

3. さまざまなセキュリティ対策 ················· 91

(1) 身の回りの認証術 ································· 91

(2) 暗号で読み解くセキュリティ ························· 96

(3) なりすましが怖い ································· 99

（4）暗号の寿命 ……………………………………………… 100

（5）暗号実装が破られる …………………………………… 101

（6）データセンターの懐は温かい ………………………… 102

（7）オープンとクローズ …………………………………… 104

（8）AIはまだまだ賢くなれる …………………………… 104

4．われわれは狙われている ……………………………… 106

（1）わたしの車が乗っ取られる？ ………………………… 107

（2）自動運転は安全？ ……………………………………… 109

（3）BMIデバイスが危ない ………………………………… 111

一言コラム　サイバーリスク評点を考える ……………… 112

インテルメッツォ
「人工知能の自分史」（武藤佳恭）………………………… 115

第4章
奇想天外な発想と常識のウソ、ホント ……… 123

1．あつい熱でものを冷やす…？ ………………………… 125

2．地球温暖化とエコシステム ……………………………… 127

一言コラム　地球温暖化問題、どうなるのだろう？ ……… 131

3．歩いて発電？マグマで発電？
　貧乏ゆすりで発電？頬っぺたで発電？ ……………… 133

4．代替金融の未来 …………………………………………… 141

5．2種類の音 ………………………………………………… 143

6．無線LANの原理は誰が発明した？ …………………… 145

7. 田んぼの新しい雑草術 ……147

8. Copyleft ……148

9. BIMの将来 ……150

10. 小学生の防災訓練 ……151

11. 中国最新事情 ……152

12. 研究予算はどう配る？ ……155

13. コラーゲンで若返り？ ……157

14. バタフライ効果とは ……159

15. 天気予報の話 ……160

16. 国際学習到達度調査（PISA）のゆくえ ……162

17. フランケンシュタインの性質は誰が決める？ ……165

18. ウソは真実よりネット拡散が大きい？ ……166

19. マグロのフィン ……168

20. ハラスメントにどう対処する？ ……169

インテルメッツォ
「ものづくりから AI 世界へ」（宇田川誠） ……171

特別付録
スパコンをつくってみよう！ ……177
　　スパコンが個人で持てる時代 / AI環境構築に取り組もう / シンプルな
　　AI環境構築の例 / CPUからGPU時代への変遷 / 小型GPUマシンって
　　どうやってつくる？ / スパコン完成に向けた組み立て方 / 機械学習の
　　ためにGPUソフトウエアをインストールしよう！

人工知能社会のこれから——あとがきに代えて ……221

イノベーションするAI

第1章

ブレークスルー
Innovating AI

1．限界突破のブレークスルー

　皆さんはブレークスルーという言葉をご存知でしょうか。

　最近、さまざまな分野で使い慣らされている用語ですが、何か新しいことを始めよう、すなわちイノベーションを起こそうと思ったときには、それまで限界とされていた壁を破って、新たな状況を生み出さなければなりません。そのときの「限界をどう突破していくか」、それを考えるのがブレークスルーです。

　限界を打破するためには、ひたすらその物事と真面目に向き合い、研究を続ければ必ず成功するというものではありません。また時間をかければ上手くいくということでもありません。そこには綿密に練られた戦略が必要で、その緻密な戦略こそが重要な役割を果たすのです。

　私（武藤）は、Googleなどの検索エンジンを扱う企業が世の中に登場する前、具体的には1983年からさまざまな情報収集のために、インターネット検索を利用しています。そこでは論理的な戦略思考や確率的な戦略思考を行うことによって検索術のレベルは上がり、ホンモノの情報を手に入れることができるようになりました。またそれによって、いろいろな新たな取り組みが可能になりました。詳細についてはこれから具体的に触れていきますが、こうした検索術を磨くことによって、ホンモノとウソを見分ける"真贋力"を身につけることに繋がります。ぜひ、読者の皆さんにもこのインターネット検索術を習得して、戦略的な思考法を身につけていただきたいと思います。

　本章ではブレークスルーのためのレシピを支える検索術、すなわち論理的戦略思考および確率的戦略思考について説明していきます。この戦略を

使いこなすことによって、たとえ素人であってもその道のプロに匹敵するイノベーションを起こすことができるようになります。実際に、私（武藤）は専門外の分野でいわゆる素人であるにもかかわらず、切磋琢磨しているプロに対して数々の新しいことを提案してきました。それはなぜでしょうか。既存の技術を組み合わせることによって、新しいサービスや新しいデバイスを作り出すことができるからです。素人である利点を最大限に戦略的に活かしているのです。

　では、素人であることの強みとは何でしょう。素人には専門家のような細かな知識はなく、多角的に物事を捉え考えることができます。したがって、あまり壁がありません。プロの場合は、その分野を細かく知りすぎているがために、自ら壁を作ってしまっていることがたびたび見受けられます。その壁が邪魔になり、自由な発想で戦略的に考えることができないのです。

　新しいサービスやデバイスが生まれると、それは社会に新たな文化を提供することになります。ここで述べる戦略術は、主に既存の技術つまりレガシー技術を上手に組み合わせることによって、新しいものを作り出していく導き方なのです。

　別の言い方をすれば、本章を通してミーム（meme）の作り方を読者の皆さんに伝授することができるのではないかと予期します。ミームとは、Wikipedia によれば「人類の文化を進化させる遺伝子以外の遺伝情報」をいい、たとえば習慣や技能、物語といった人から人へとコピーされるさまざまな情報を意味する科学用語です。インターネットミームとは、インターネットを使ったミームのことです。

　研究などさまざまな開発で壁にぶつかったときには、見方や考え方を変えてテーマを少しシフトして乗り越えてきました。問題を取り巻く技術環境が整ったところで、新たにまた同じテーマの研究を再開すれば良いわけです。同じ技術境遇であっても、考え方を少し変えることで研究は大きく前進し、ブレークスルーを引き起こすことができます。そのためにも、ブ

レークスルーを引き起こそうとしている分野の周辺事情に関心を持ち、その動向に目を向けることは重要なことです。ある分野の技術は、他の分野においても活用できることが多いのです。したがって、さまざまな分野に関心を抱くことは非効率に思われるかもしれませんが、一つの分野で生じた停滞や障壁を他の分野の技術を援用することで乗り越えられる可能性があり、それが契機となってブレークスルーが起こる事例はしばしばあるのです。

2. イメージ探る検索術

　インターネット検索で重要なのは、1回の検索で終わるのではなく、はじめに予備調査のインターネット検索を行い、そこでいったん検索を止めて、その検索結果によって得た情報から頭の中にイメージを作ることです。そこで構築したイメージをもとに、もう一度インターネット検索をするという順番で考えます。すると、二度目に行う検索というのは、他人に説明するための客観的な道具になっていくのです。ここで素人とプロの検索術の違いは、検索された結果を踏まえて、良いイメージが作れるかどうかです。

　2012年に未踏科学技術協会が予算をとって、日本での「超チャレンジング研究促進システムの実現の可能性──調査・提案」の研究を開始しました。そこで私（武藤）は、「超チャレンジング研究をどう進めるか──世界の知恵と知識の検索とは何か、研究とは何か」の題目で40分ほど講演を行いました。

　このプロジェクトは、チャレンジすることが可能なだけの予算を持っているので、自然科学研究機構の永山國昭さんが私（武藤）にチャレンジしてきました。永山さんの提案は、「5年後の顕微鏡研究がどうなるか」という内容で、はじめのうちは「本当に素人が検索術を使って未来の研究を予測できるのか」ということについて半信半疑の様子でした。

　私（武藤）はさっそく、顕微鏡についてインターネットで検索してみました。すると二つのことが分かってきました。一つは、最近の顕微鏡は高機能なものが多く、単純にモノを観察するだけでなく、カットオペレーションなどの機能を使って指定する部位のサンプルを切り出すことができま

す。それ以外にも、さまざまなハイレベルの機能が搭載されています。二つめは、これらの高機能化によって、顕微鏡の装置としての価格が高額になってきていることです。

ここで皆さんなら、この二つの検索結果から何を想像しますか。

次のような三段論法を展開しました。「顕微鏡の価格が高くなる」→「予算を超える場合は、一つの団体だけでは買えなくなる」→「複数の団体が協力すれば購入できる」→「購入した機器をシェアリングする」→「シェアリングシステムの開発」。

これに基づいて永山さんに、先端測定機器の遠隔操作システムの現状と課題についてレポートを提供しました。近未来の顕微鏡研究では、超チャレンジング研究を進めるためにも、先端測定の機器を世界中の多くの人に開放し、遠隔でも使用できるようにする手段を提示していくことが重要であるという結論に達しました。カナダでは、すでに予算の問題を乗り越え、顕微鏡の遠隔操作システムがオープンソースのかたちで構築され実験している最中です。永山さんは、専門家でない素人のインターネット検索結果から導き出した「近未来の顕微鏡研究」を見て愕然としていました。

インターネットはごみ情報ばかりと文句を言う人がいますが、このようにインターネット検索を上手く活用すると、検索された結果は知識や知恵の宝庫になります。つまり、インターネット検索→インターネット検索からイメージ作り→想像したイメージをもとにもう一度検索を行えば、最先端情報にアクセスすることが可能になるのです。

3．GPU で壁を超える

　最近では GPU（Graphic Processing Unit）と GPU を駆動するオープンソースソフトウエアの登場で、人工知能についての開発環境が飛躍的に改善し、社会に大きなイノベーションを起こしています。ディープラーニングとは、段数の深い（ディープな）ニューラルネットワーク（人工脳神経回路数学モデル）による機械学習のことです。従来は多くの段階から成るニューラルネットの計算を行うことは、現実的ではありませんでした。しかし GPU を使うことによって、32 層や 155 層などの大規模なニューラルネットワークを利用することが可能になりました。

　たとえば GTX1080Ti の GPU カードは 10 万円ほどで購入できます。そのカードは 3584 個の浮動小数点演算素子を持っていて、この多数の演算素子を使って並列処理をすることができます。2018 年末に登場した最新の RTX 2080 Ti という GPU カードは、なんと 4352 個の CUDA コア数を有しています。CUDA（Compute Unified Device Architecture）コアとは、簡単に言うと、並列処理できる演算ユニット数と思えば良いかもしれません。大まかな計算スピードを議論する時には、コア数のルートを計算していきます。GTX1080Ti の GPU カードでは、$3584 \fallingdotseq 3600$ なので、通常のパソコンに比べて、$\sqrt{3600} = 60$ 倍程度の演算能力が期待できます。つまり、GPU カードを持つコンピュータは、普通のパソコンに比べて 60 倍以上の早い計算能力を持つスーパーコンピュータであるということなのです。

　個人でスーパーコンピュータを持てる時代が、いま到来しているのです。友人とともにワクワクしながらスーパーコンピュータ（GPU マシン）を組み立て、それについての Kindle 本 *"GPU parallel computing for machine learning in Python*" を amazon の .com と .co.jp から出版しました。この本の巻末にも、スーパーコンピュータについての組み立て方が記されていますので、関心のある方は実践してみてください。

　ブレークスルーを起こすためには、必ず新しい技術が必要となります。スーパーコンピュータを実現した GPU 技術は、元来は新しい技術として導入されたものではなく、AI 処理のために開発されたものでもありませんでした。では、なぜ GPU がブレークスルーの要因であり得るのでしょうか。それは、既存の GPU 技術に新たな利用方法として人工知能分野を加えたことで、ディープラーニングなどの人工知能ブームが起こりました。そのブームの勢いは、さらに大きくなってきています。

　皆さんのパソコンに搭載されている演算ユニットは、CPU（Central Processing Unit）です。その CPU は複雑な演算ができるように設計されているので、CPU チップの面積は大きくなっています。CPU では、複雑な演算を実行させるために、CPU チップにはたくさんの演算コアを詰め込むことは出来ません。演算コアは一つの演算ユニットと考えてください。CPU のコア数は、2、4 かせいぜい 8 です。簡単に言うと、いろいろなデータ形式について多くの計算を行えるように一つの演算コアの面積が大きいので、CPU チップにはたくさんの演算コアを詰め込めないわけです。

　一方 GPU の場合には、複雑な演算を行うことはできず、演算データの種類や bit 数を制限したものが一つの演算コアとなっています。つまり、そこでの GPU チップには、多くの演算コアを詰め込むことが可能なのです。GPU では一つのチップに多くの演算ユニット（演算コア）を詰め込んだお陰で、超並列処理ができる人工知能計算の主役になったのです。

　現在 GPU 分野では、NVIDIA 社が一人勝ちの状態です。NVIDIA 社は、元来 AI の企業ではなく、ゲーム専用の高速な画像生成と表示を滑らかにするためのビデオカードの会社でした。ゲーム専用のビデオカードで使われている GPU が AI 処理に使えることに早い段階で気づき、NVIDIA 社は GPU カード専用の人工知能オープンソースソフトウエアを開発しまし

た。それらは、無料の CUDA toolkit として一般公開されています。

　ブレークスルーの冒頭で「見方を変える、考え方を変える」「異分野の技術を活用する」という話をしましたが、NVIDIA 社はビデオゲーム技術を他の分野である人工知能分野に活かしたのです。今では NVIDIA 社は、大手自動車会社と提携し、自動運転などの最新アプリケーションにも関わるほどになっています。同様のビデオゲーム向け専用機の会社は他にもあり、今後の競争と発展に期待したいところです。

　ここでは、ゲームなどのグラフィック分野に加えて、人工知能分野を新しく GPU の応用分野として考えたことが、ブレークスルーに繋がったと見ることができます。このように、たとえ古い技術であっても技術の新しい見方や新しい使い方を加えることで、ブレークスルーを引き起こす可能性があるのです。

　機械学習やディープラーニングという言葉を聞いただけで、拒否反応を示す人がいますが、細かいところは解らなくても根底にある原理を理解するだけで、イノベーションに繋がる発想法を身につけることができます。つまり、「習うより慣れる」ことが大事なのです。

　本書では、難しい数学を使うことはなく、ブレークスルーを導く手順を味わうことで根本原理をざっくり理解できれば、良しとしましょう。細かいところで引っかかり先に行けない人が多くいますが、AI の考え方は理屈より実践で、感覚を味わい理解することなので、基本的な原理原則や全体の雰囲気を掴むことが重要です。つまり、マクロの視点で把握することが求められているのです。

　機械学習やディープラーニングでは、簡単に言うと、数学の式である $y=f(x)$ の中で、入力 x と出力 y について先に多くの例を用意し、辻褄の合うような関数 $f(x)$ を見つけることが重要なのです。関数 $f(x)$ は、複数の入力 x と出力 y との関係をあらわします。関数 $f(x)$ は、非常に複雑な関数なので中身を知る必要はありません。興味があれば、関数 $f(x)$ を見ることができますが、あまり意味はありません。この議論については第2

章「2. AIとは何だろう」のところで詳しく説明しますが、ここで肝心なのは、どのパラメータが入力で、どのパラメータが出力かを決定することです。入力 x と出力 y の複雑な関係を学習（機械学習）することは、ある入力 x を与えたときの未知の出力 y を予測できることを意味します。通常、出力は知りたいパラメータのことです。あとの機械学習やディープラーニングなどの複雑なアルゴリズムや計算は、コンピュータにすべて任せてしまえばよいわけです。人間が何を予測したいのかについて指定さえすれば、学習を完了した人工知能は、新しい入力に対応した予測情報をわたしたちに提供してくれます。

　さまざまな機械学習のアルゴリズムやディープラーニングのアーキテクチャがありますが、ある一つの具体的な課題に対してどの方法が一番良いかということは、試してみないと分かりません。つまり機械学習は、依然、発展途上のコンピュータ技術であると思って間違いないのです。

　機械学習では、囲碁の状態 x を入力すると、次の一手 y を関数 $f(x)$ が生成してくれるものと考えます。また、画像ファイル x を入力すると、物体認識で物体 y が何であるのかを関数 $f(x)$ が教えてくれます。そこで $y=f(x)$ が関係式になります。AI学習は、学習データとしてまとまった量の x と y を与えると、学習したAIエンジンの振る舞いが関数 $f(x)$ に近づいていくのです。十分な学習データがあれば、8割強程度まで近づきます。複数の学習アルゴリズムの結果を組み合わせると、より精度が上がることもあります。

　現在取り組んでいるAIプロジェクトの一つは、ボーリングマシンに関するもので、マシンがどのような層を掘っているのか、またその層の固さ（SPT: Standard Penetration Test, ボーリングで掘り出したサンプルを測定するなどの標準貫入試験で得られる値）などを予測・制御できる立坑掘削技術を研究しています。掘削しながら層の種類や層の固さが分かることで、掘削にかかる時間も予測できるようになります。

　また、AIを使って初期消火のための危険な炎の認識システムをモリタ

ホールディングのモリタ宮田氏と共同で、現在構築中です。天井が75度に達してハンダが融けることで単純に消化剤を散布する仕かけの現状のスプリンクラーでは、初期のうちになかなかうまく火事を消せません。また高層ビルの場合には、はしご車はほとんど何の役にも立ち得ないように思われます。火災では、初期の消火がもっとも重要とされています。火災が大きくなると、AIも火災ロボットも何の役にも立たないので、21世紀型のスプリンクラーでは、AIが初期消火検知して、火災を起こさない戦略をとっていかなければなりません。初期の消火は、炎が大きくなる前に火災を消火することです。

みんなが知っているブレークスルー

　これまで行ったブレークスルーのなかで有名なのは、カメラ搭載の携帯電話です。私（武藤）は携帯電話の専門家でもカメラの専門家でもありませんが、カメラと携帯電話を組み合わせる技術を三菱電機に提案しました。

　三菱電機は、世界初のカメラ搭載携帯電話（LaPochee（ラポッシェ））を1999年に発売しました。携帯電話とカメラという二つが合体することによって、まったく新しいイノベーションが生み出され、社会に変革を起こし続けています。カメラが携帯電話やスマートフォンに搭載されたことによって、インスタグラム（写真）やYouTube（ビデオ）などの新しいサービスにも繋がりました。

　当時、携帯電話の専門家の多くは、カメラ搭載の携帯電話やスマートフォンの可能性が見えていませんでした。"デジカメがあるのに、わざわざ携帯電話にカメラを搭載する必要はないだろう"というのが大半でした。最後にカメラを搭載したのはNTT Docomoの携帯電話です。なぜ出遅れたのでしょうか。それに

ついて NTT では社内の幹部会議で大議論になったようです。

素人が専門家以上に豊かな発想で発明をすることがしばしばあります。私（武藤）の経験したそれらの話は、Science オンラインの eLetter に掲載されています。"Amateurism is the mother of invention" 短い英文で書かれていますので、次のサイトにアクセスして読んでみてください。

http://science.sciencemag.org/content/356/6334/144/tab-e-letters

現在、新しい試みとしてスマートフォンのカメラを使った新しいアプリ（チェーン寿命の予測）を考え、チェーンドライブ大手に提案しています。カメラと〇〇を組み合わせると、新しいデバイスや文化を生み出すことができます。〇〇のアイデアを考えて、インターネットで検索してみてください。必ず似たようなことを考える人が、世界のどこかにいます。また、〇〇と△△を組み合わせても面白いものは数多く、新しいものが生まれるはずです。

4．人工推理ツールを味方にしよう！

　従来の論理思考の本には、人工知能を応用した最新の論理思考の話はなかなか見あたりません。論理思考とは、簡単に言えば三段論法であり、複雑な三段論法を組み合わせながら答えを導いていきます。最新の論理思考を実行するためには、演繹型の人工知能ツールを使います。与えられる三段論法のすべてが正しければ、必ず正しい答えを導き出すことができます。人工知能の自動推論ツールを使うことによって、人間では考えられないような複雑な論理を展開しながら、結論を導くことができるのです。ここでは、自動推論がどのように行われるかはツールに任せることにして、そのツールの利用例を紹介していきます。

　まず自動推論ツールを使って、難しい問題を解いた例を紹介します。自動推論ツールには、創発の能力があります。与えられたルールから新しいルールを作り出すことができるのです。

　環境を整えて実践にチャレンジしてみるかどうかは読者の皆さん次第です。読み飛ばしたい場合は、網かけ太枠の部分（▋　▋）を読まずに進んでいくこともできます。

　ここで紹介する問題は、3インバータ問題[1]と呼ばれるものです。インバータとは、入力のデジタル値 0 と 1 を逆にして出力するもので、NOT ゲートと同じ機能のことです。言い換えると、これは「2 個だけの NOT ゲートを使って、3 個の NOT ゲートを構築する問題」で、ここでは AND ゲートと OR ゲートならば何個使ってもよいという条件で、シンプルな NOT ゲートにわざわざ複雑な多くのものを利用して合成する推論例です。

1　武藤佳恭『iPod touch/iPhone を楽しく使うためのハッキング』（オーム社）2008 年
　安藤類央・武藤佳恭『発見・創発できる人工知能　OTTER』（近代科学社）2018 年

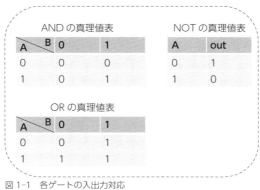

図 1-1　各ゲートの入出力対応

　各ゲートの動作を図 1-1 に示します。
　NOT ゲートの機能は、NOT(1)=0, NOT(0)=1 と入力の逆を出力します。AND ゲートの機能は、AND(1,1)=1, AND(1,0)=0, AND(0,1)=0, AND(0,0)=0 となります。たとえば、AND(1,1)=1 は、AND 演算の入力が (1, 1) の時に出力が 1 になることを意味します。OR ゲートでは、OR(1,1)=1, OR(1,0)=1, OR(0,1)=1, OR(0,0)=0 となります。つまり、カッコ内がゲートの入力で右辺がゲートの出力になります。
　ちなみにこれらの真理値表は、論理学における「かつ（AND）」「または（OR）」「〜ではない（NOT）」と同様のもので、1 と 0 はそれぞれ「正しい（真）」「正しくない（偽）」を表しています。
　2 つの命題 A と B があるとき、「A かつ B」が正しいのは、A と B がともに正しいときです。たとえば「猫がいる、かつ、あひるがいる」が正しいのは、「猫がいる」が正しく、「あひるがいる」も正しいときのみです。したがって、A が 1、B が 1 のときのみ AND は 1 になり、それ以外のときは 0 になっているわけです。
　OR は反対に、A と B のどちらか一つが正しければ正しいとなります。たとえば、ここには「猫がいる、または、あひるがいる」は、猫かあひるのどちらか一匹がいれば正しくなります。したがって、A と B のどちら

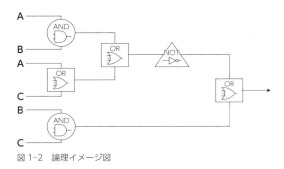

図 1-2　論理イメージ図

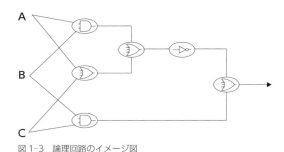

図 1-3　論理回路のイメージ図

も 0 であるときだけ OR は 0 になり、それ以外は 1 になるのです。

　「〜ではない」はもとの命題が正しければ「正しくない」に、もとの命題が正しくなければ「正しい」になります。もし「ここに猫がいる」が正しければ、「ここに猫がいるのではない」は正しくありません。「ここに猫がいる」が正しくないのであれば、「ここに猫がいるのではない」が正しいことになります。それゆえ、NOT は、命題 A が 1 であれば 0 に、命題 A が 0 であれば 1 になるのです。

　上記の論理回路は、論理の構造を回路図にしたもので、たとえば、「((A かつ B) または (A または C)) ではない、または (B かつ C)」といった命題の構造は、図 1-2 のように示すことができます。

A, B, C をさらにまとめると、図 1–3 のようになります。

　マイクロソフト社の Windows10 OS マシンを購入すると、Bash on Ubuntu on Windows 環境構築（WSL: Windows Subsystem for Linux）を利用して、Linux OS である Ubuntu や Debian OS 環境を使用することができます。OS とは、マシンのリソースを維持管理するための基本ソフトウエアです。

　オープンソースの時代になると Linux 環境が必要になるため、マイクロソフト社も苦肉の策で、Linux OS（Ubuntu, Debian, Kali Linux など）を利用できる環境をついに提供しています。オープンソースの分野では、圧倒的に Linux の環境が Windows に比べて優れています。優れているという意味は、簡単に実行可能な環境を構築できるということです。もちろん、Windows 上でも Ubuntu 上でも、ここで紹介する自動推論エンジン Otter を簡単にインストールすることができます。

　Windows10 の上に、Linux OS が同時に実行されているので、Linux 環境から Windows プログラムを実行することができます。つまり、二つの OS が同時に稼働しているので、二つの OS の良いとこ取りが出来るのです。Windows の実行ファイルは、ファイルの属性が xxx.exe になっています。Windows10 上では、自動推論エンジン otter.exe を実行します。

　WSL 上では、Linux からでも Windows の otter.exe を直接実行することができます。ただし、実行できるフォルダは限られています。私（武藤）の場合ですと、/mnt/c/Users/takefuji 以下のファルダーになります。皆さんの場合は、/mnt/c/Users/ ユーザ名になります。ユーザ名は WSL を起動した後、pwd コマンドで、/home/ ユーザ名が表示されます。

　実際には、WSL と Linux そのものとではカバーできる範囲に違いがあり、最新の人工知能のソフトウエアを Windows10 にすべてインストールするのは極めて難しく時間もかかる作業となります。その理由は、多くのオープンソースの開発者が Linux で開発しているからです。したがって、

Linux では、比較的簡単に多くのオープンソースライブラリをインストールすることができます。本書では、二つの OS の良いとこ取りをしながら、皆さんに体験してもらいます。

　ここで、説明する例は、Windows の実行ファイルである otter.exe をダウンロードして、Linux（Ubuntu や Debian）から実行していきます。

　皆さんのパソコンにはディスクがありますが、ファイルやフォルダは木構造になっています。木構造とは、ディスクの名前が c だとすると、c の下に複数のフォルダやファイルがあります。例えば、"/c/Users" の意味は c フォルダの下に Users フォルダがあるという意味です。"/c/Users" フォルダには、私（武藤）のマシンの場合なら次のようなフォルダやファイルがあります。

All Users@　Default/　Default.migrated/　Default User@　desktop.ini*
Public/　sshd_server/　takefuji/

　Windows の Cortana に powershell と入力し、PowerShell を起動します。PowerShell で、次のコマンドを実行してください。木構造が表示されます。

tree c:/Users

　本書では、文書の網かけ太枠部分は、システム構築や実行の方法など、読者諸氏に実体験してもらうための情報です。

　WSL のインストールの仕方
1.　PowerShell を起動します。
2.　次の 1 行を PowerShell で実行します。
Enable-WindowsOptionalFeature -Online -FeatureName
Microsoft-Windows-Subsystem-Linux
3.　このコマンド実行後、再起動の要求があるので、再起動させます。
4.　Cortana に store と入力し、ストアの検索に ubuntu と入力しま

す。

5. 無料と書いてある下の“入手”ボタンをクリックすると、インストールが始まります。

Windows10 Fall Creators Update のインストールをシステムが要求する場合は、インストールしてください。

6. インストールが完了すると、Linux のユーザー名とパスワードを聞かれますので、それぞれを入力してアカウントを作成すれば、WSL が使用可能の状態になります。ここで問題のある場合、「Windows の機能の有効化または無効化」にて、「Windows Subsystem for Linux」をオンにして下さい。ユーザー名、パスワードは、利便性とセキュリティを考慮して各自の環境で適当なものを設定し、忘れないようにしてください。

7. Cortana に ubuntu と入力すると、Ubuntu が起動します。

WSL をアンインストールするには、PowerShell で次の命令を実行します。

lxrun /uninstall /full

Cortana に bash と入力すると、Ubuntu が起動します。Ubuntu 上では、次の命令を実行してみます。pwd (print work directory) というのは、今のフォルダの場所を表示します。

$ pwd

私（武藤）の場合は、/home/takefuji が表示されます。次の df (disk free) 命令を実行してください。df コマンドは、ディスクの情報を表示してくれます。

$ df

何行か表示されますが、必ず、/mnt/c があるはずです。この表示は、Linux が Windows の上にインストールされていることを示しています。次の２つのコマンドを実行してください。cd は change directory（フォルダへの移動コマンド）です。ls（list）命令は、フォルダの情報を表示します。

```
$ cd /mnt/c/Users
$ ls
```

先ほど木構造の説明にあったフォルダやファイルが表示されます。ここで、otter.exe を私（武藤）のところから次のコマンドでダウンロードします。

```
$ cd ユーザ名
```

私（武藤）の場合は、ユーザ名 takefuji になります。pwd コマンドで表示された名前です。(/home/xxx: xxx のところがユーザ名です。

```
$ wget http://web.sfc.keio.ac.jp/~takefuji/otter.exe
$ wget http://web.sfc.keio.ac.jp/~takefuji/2inv.in
$ ./otter.exe 〈2inv.in
```

注意点としては、Windows アプリを意味する exe 形式のファイルは、/mnt/c/Users/ ユーザ名などの Windows 側のファイルが置かれるべき位置に置くことです。

自動推論エンジン otter の実行結果を次に表示します。

```
---------------- PROOF ----------------
1 [] -P(x,v)| -P(y,v)|P($BIT_AND(x,y),v).
2 [] -P(x,v)| -P(y,v)|P($BIT_OR(x,y),v).
3 [] -P(x,v)|P($BIT_AND(11111111,$BIT_NOT(x)),append_inversion(v,x)).
4 [] P(00001111,v).
5 [] P(00110011,v).
6 [] P(01010101,v).
7 [] -P(11110000,v)| -P(11001100,v)| -P(10101010,v).
16 [hyper,5,2,4,demod] P(00111111,x).
```

18 [hyper,5,1,4,demod] P(00000011,x).

26 [hyper,6,2,5,demod] P(01110111,x).

27 [hyper,6,2,4,demod] P(01011111,x).

30 [hyper,6,1,5,demod] P(00010001,x).

31 [hyper,6,1,4,demod] P(00000101,x).

40 [hyper,16,2,6,demod] P(01111111,x).

42 [hyper,16,1,6,demod] P(00010101,x).

47 [hyper,18,1,6,demod] P(00000001,x).

66 [hyper,42,2,18,demod] P(00010111,x).

73 [hyper,66,3,demod] P(11101000,[00010111|x]).

334 [hyper,73,2,47,demod] P(11101001,[00010111|x]).

336 [hyper,73,2,31,demod] P(11101101,[00010111|x]).

337 [hyper,73,2,30,demod] P(11111001,[00010111|x]).

338 [hyper,73,2,18,demod] P(11101011,[00010111|x]).

344 [hyper,73,1,27,demod] P(01001000,[00010111|x]).

345 [hyper,73,1,26,demod] P(01100000,[00010111|x]).

346 [hyper,73,1,16,demod] P(00101000,[00010111|x]).

754 [hyper,334,1,40,demod] P(01101001,[00010111|x]).

991 [hyper,754,3,demod] P(10010110,[00010111,01101001|x]).

8477 [hyper,991,2,346,demod] P(10111110,[00010111,01101001|x]).

8478 [hyper,991,2,345,demod] P(11110110,[00010111,01101001|x]).

8479 [hyper,991,2,344,demod] P(11011110,[00010111,01101001|x]).

20178 [hyper,8477,1,338,demod] P(10101010,[00010111,01101001|x]).

20203 [hyper,8478,1,337,demod] P(11110000,[00010111,01101001|x]).

20222 [hyper,8479,1,336,demod] P(11001100,[00010111,01101001|x]).

20227 [hyper,20222,7,20203,20178] $F.

------------ end of proof -------------

この proof 出力情報は otter の出力で、各行の先頭の数値が図 1-4 の回路図の数値の信号と対応しています。それらのひとつひとつを読み解く必要はありません。20227 行目の示す、20222, 20203, 20178 が 3 つの結論で、図 1-4 上側の複雑な回路図が、下側のインバータ 3 つと等価な回路であることを表しています。

　3 つの入力は合計 8 通りあるので、各入力に組み合わせの異なる 8 組の入力を入れると、出力 3 つに逆のパターンの出力が出ていることを確認できます。たとえば、proof の 4 番の行にある入力値列 00001111 は、逆の 11110000 が 20203 番の行に出力となっています。proof の 5 番の

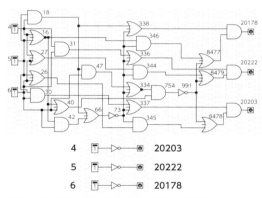

図 1-4　2 インバータで実現した 3 インバータ回路図

00110011 に対しては、逆の 11001100 が 20222 番の行に出力されていますし、6 番の 01010101 の逆の 10101010 が 20178 番に出力されています。たとえば、☐は、AND ゲートで入力は 4 と 5、出力は 18 です。☐は OR ゲートで入力は 18 と 42、出力は 66 です。縦線と横線が交差していても、・印がある場合は接続され、印がない場合は接続されていないという意味です。

　次の 2 つのファイルをダウンロードして、次のコマンドを実行すれば、

図1-4の図があらわれ、シミュレーションができます。Javaがシステムにインストールされていることが前提です。

Linuxの画面をWindows表示するには、次の作業が必要です。

1. vcxsrv-64.1.19.6.3.installer.exeファイルをブラウザでダウンロードします。アドレスを次に表示します。vcxsrv downloadで検索しても、簡単にアドレスに到達します。
   https://sourceforge.net/projects/vcxsrv/files/vcxsrv/1.19.6.3/vcxsrv-64.1.19.6.3.installer.exe

2. vcxsrv-64.1.19.6.3.installer.exeをダブルクリックし、インストールします。

3. WSLを起動する前に、インストールしたXLaunchを起動します。起動するには、CortanaにXLを入力するとXLaunchが表示されるのでクリックします。3回"次へ"をクリックし、完了をクリックすればXサーバが起動します。

4. 次の2つのファイルをダウンロードします。
   $ wget http://web.sfc.keio.ac.jp/~takefuji/logisim.jar
   $ wget http://web.sfc.keio.ac.jp/~takefuji/2inv
   次の命令を実行すると、すべてのX表示を、先ほどインストールしたXサーバがWindows画面に表示してくれます。
   $ export DISPLAY=:0
   コマンドモードで、次の命令を実行します。
   $ java -jar logisim.jar 2inv

　この自動推論ツールを使うことによって、達人といわれる人たちやその分野のプロにも解けない難問に対して答えを導くことができます。データ処理あるいはデータ分析では、人工知能に与えるデータを準備することになります。これは一流の大工さんが最高の道具を使って物づくりをするの

と同様に、ブレークスルーを引き起こし成功させるためには、最新の人工知能ツールを使って結論を導かなければなりません。

一言コラム

大企業でイノベーションを逃す？

　ブレークスルーに関することで、多くの大企業の社長や副社長からお叱りの電話をもらったことがあります。大企業には、技監長という立場の人がいます。私（武藤）がアメリカから日本に戻ってきた1992年から、多くの半導体メーカーの大規模集積回路の技術トップである技監長が研究室に来られるようになりました。そこで、訪問してきた技監長にブレークスルーについての難しい問題をいきなり出題したことがあります。たいていの技監長は、暫くするといじめられたと思い、怒り出して不満そうに帰っていきました。会社に戻ると、その技監長は社長や役員にこの様子を報告するので、お叱りの電話をいただいたことがあります。

　しかしながら、そのなかでも東芝の江川副社長（当時）の場合は違っていました。副社長から電話があり事情を説明すると、「直ぐに会いたい」ということで東芝本社からわざわざ湘南藤沢キャンパスの田舎まで車で来られました。このことがきっかけで、毎月1回技術会議と称して新しい技術を紹介しながら、本社の役員フロアで技術改革の話をすることになりました。そのご縁で東芝のノートパソコン Libretto を指導したことがあります。試作機の Libretto にカメラを搭載させ、東芝の展示会にも出品されました。ところが東芝のカメラ付き薄型ノートパソコンは、いろいろな理由で製品化には至りませんでした。

　翌年、SONY が VAIO でデビューし、カメラ搭載 Libretto と同じような商品で、大ヒットを成しました。企業に余裕があれば、

二つの商品を同時に売り出し、競争させるというシナリオもありだと思いましたが…。新しいブレークスルーができたとしても、イノベーションのチャンスを逃してしまうこともあるということです。

　次の問題は比較的簡単な問題ですが、あなたは解けますか。以下には、内容の説明はしていませんが、otter で解く作業方法を示しています。
　ある島に 3 人（A,B,C）が住んでいます。3 人のそれぞれが、嘘つき、正直者、スパイのいずれかです。嘘つきは、常にうそをつきます。正直者は、常に正直です。スパイは、うそをついたり、正直になったりします。3 人（A,B,C）はすべて違う種類の人間（嘘つき、正直者、スパイ）です。次の情報を、あなたは得ました。誰がスパイか分かりますか？
①　「C は嘘つきだ」と A が言いました。
②　「A は正直者だ」と B が言いました。
③　C は「自分がスパイだ」と言いました。

自動推論プログラム otter によると、B がスパイ、C が嘘つき、A が正直者となります。次のプログラムを otter で動作させます。

```
set(hyper_res).
list(usable).
        -P(T(x)) | -P(Says(x,y)) | P(y).
        -P(L(x)) | -P(Says(x,y)) | -P(y).
        P(T(x)) | P(L(x)) | P(N(x)).
        -P(T(x)) | P(L(x)).
        -P(L(x)) | P(T(x)).
        -P(T(A)) | -P(N(B)) | P(L(C)).
```

```
        -P(L(A)) | -P(N(B)) | P(T(C)).
        -P(L(A)) | -P(T(B)) | P(N(C)).
        -P(T(A)) | -P(L(B)) | P(N(C)).
        -P(N(A)) | -P(L(B)) | P(T(C)).
        -P(N(A)) | -P(T(B)) | P(L(C)).
end_of_list.
list(sos).
        P(Says(A,L(C))).
        P(Says(B,T(A))).
        P(Says(C,N(C))).
end_of_list.
```

次の命令を実行し、このプログラムをダウンロードします。
$ wget http://web.sfc.keio.ac.jp/~takefuji/normal.in
$ ./otter.exe 〈normal.in

　この問題は手作業でも解くことができます。
　まず③をとりあげます。Cの言っていることが本当ならCはスパイで、嘘ならCは正直者か嘘つきということになりますが、正直者は嘘をつかないので、Cは嘘つきになります。
　次に①で、Aの言っていることが本当なら、Cは嘘つきでAは正直者かスパイです。Aの言っていることが嘘なら、Cは正直者かスパイということになりますが、前段落の③の結果、Cはスパイか嘘つきのどちらかなので、Cは正直者ではありえずスパイとなり、またAはスパイか嘘つきのどちらかということになります。
　次に②で、Bの言っていることが本当なら、Aは正直者でBはスパイか正直者ですが、すでにAが正直者なので、Bはスパイになります。Bの言っていることが嘘ならAはスパイか嘘つきで、Bもスパイか嘘つき

ですが、スパイも嘘つきも 2 人はいないので、「A スパイ、B 嘘つき」か「A 嘘つき、B スパイ」のどちらかです。

以上を図にしてみましょう。

たとえば C は C の言っていることが正しいことを、¬C は C の言っていることが嘘であることを表します。また SC は C がスパイであること、HC は C が正直者であること、LC は C が嘘つきであることを、それぞれ表すとします（A と B についても同様です）。同じ人物が 2 つ以上の種類の人間であることはなく、また、同じ種類の人間が 2 人以上いることもないので、枝分かれしていく同一のライン上に、同じ人物が別の種類の人間だったり、同一種類の人間が 2 人以上いる場合に×をつけると、次の図 1-5 のようになります。

このようにして、A が正直者、B がスパイ、C が嘘つきであることがわかります。実際に自分で解いてみると、かなりめんどくさくて時間もかかり、Otter がいかに簡単に解答を出してくれるかを実感してもらえるのではないかと思います。

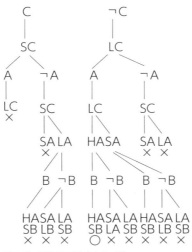

図 1-5　手作業で解くイメージ

5．確率でノイズが消える GPS

　確率的計算法とは、GPS（Global Positioning System）技術で利用されている最新の計算方法です。皆さんは GPS をよく使っていると思いますが、この確率的計算法は、GPS 以外でもさまざまなところで用いられています。実は、GPS の受信信号は非常に小さく、周りのノイズと比較してもかなり小さいのです。

　では、なぜ GPS 信号をうまく受信できるのでしょうか。その答えが、確率的計算法（stochastic computing）なのです。

　テレビを見ている時に、周りがうるさいとテレビの音声が聞こえないことがあります。周りのうるさい音や声がノイズになります。受信したい信号は、テレビからの音声信号です。どんなにうるさい状況でも、確実にテレビの音声を送って受け取る技術があります。それが、確率的計算法と呼ばれる方法なのです。

　人工衛星からの GPS の送信信号は、同じ信号を繰り返し送信しています。GPS 信号を受ける側では、同じ信号を繰り返し受け取って足し算をしていきます。受信側で受信信号を足し算すると、信号と同時にノイズも足し算されることになります。

　ところが確率的計算法では、ノイズの性質をうまく利用しているのです。自然界のランダムノイズは、プラスもマイナスもあり、タイミングも値もばらつきのあるもので成り立っています。そのためランダムノイズを信号によって、ある決まった時間間隔で区切り足し算をすると、なんとノイズは消えてしまうことが分かっています。信号は弱いものの決められた時間間隔で繰り返し区切られ、同じタイミングで同じ方向に出るため、足し算

すると強化されていきます。これとは逆に、受信信号に含まれるノイズは、ランダムノイズなので何回も足し算していくと、大事な信号は増幅され、付帯するノイズは消えていくのです。

　GPS の単独精度は数メートルですが、RTK（Real Time Kinematic）というポジショニングの技術を使うと、対応した GPS をそれぞれ装備した 2 点間の相対精度はセンチメートルになります。最近流行の Sigfox などの LPWAN（Low Power Wide Area Network）小電力広域ネットワーク通信では、3 回端末から同じ信号を送信して、受信側では 3 回足し算することで、通信到達距離を伸ばしています。

　これは、別の事例でも同じことがいえます。

　現在の Science 誌の編集長である Jeremy Berg は、論文掲載の可否判断における公正さを維持するために、偏り（bias）を測定して、その測定した偏りを理解し維持管理しているそうです。さすがに Science 誌の編集長は、他ジャーナルの編集長と比べて、やっていることが違います！

　興味があれば、偏りの測定に、次の無料サイトを利用してください。面白いです。

https://implicit.harvard.edu/implicit/

　つまり人に偏りがあっても、複数の人を集めてある物を採点・評価させると、その偏りは、先ほどの原理で消えていきます[2]。ただし、乱数を足し算する原理を使っているので、その効果が有効なのは、足し算する回数が多いこと（人数が多いこと）と、それぞれの採点が平等に扱われた場合のみです。

　企業の会議などで、社長のみが権限をもっていると、この確率的計算法は使えず新しいイノベーションのアイデアは出てきません。また、インターネットで検索するときにもこの確率的計算法を使うと、所望する情報を得ることができます。

2　http://science.sciencemag.org/content/357/6354/849/tab-e-letters

６．抽象化とモジュール化が人工知能も発展させてきた

　人工知能を含めオープンソースが急激に発達してきた背景には、抽象化（abstraction）とモジュール化（modularity）の貢献があるものと思われます[3]。

　そもそもコンピュータの基本技術は、1960年代から大きく変わってなく、実装技術の進展にともない高性能化と大容量化が桁外れのスピードで一気に進んできた背景があります。ハードウエアの進歩のお陰で、ソフトウエアにおいても大量のデータと大規模ソフトウエアを扱うことが可能な時代となり、いくつものソフトウエア技術の進化が生まれました。そのなかで、一度書いたソフトウエアを再利用するために、全体の構造と切り離して部分のソフトウエアをつくり、内容を外から見えなくする技法がモジュール化技術といわれるもので、ソフトウエアの進化とともに発達してきました。このモジュール化によって、ソフトウエアのモジュールによる再利用が可能になりました。

　これと並行して、抽象度をソフトウエアの構造に取り入れ、抽象化の粒度を複数に分けるようにすることで各々の抽象度を１個のモジュールに対応づけるようなソフトウエアの開発技法が用いられるようになりました。また、抽象度の範囲の違いを親子関係のように縦の関係を構成するような手法も生まれました。言い換えると、多数のモジュールに各々役割と意味を持たせ、一つのモジュールは一つの抽象度の役割を果すようにし、モジュール間に意味によって抽象度の粒度に応じた階層を設けることで、抽象度のレベルの役割分担を行うようになりました。

　以前は、あるソフトウエアをいったん抽象化とモジュール化を考慮した

3　http://science.sciencemag.org/content/357/6347/128/tab-e-letters

ものに書き換える必要がありましたが、新しいソフトウエアの設計になってからは、モジュール化によって抽象化が可能になり、格段にソフトウエア開発が簡素化されました。複雑なシステムを構築するときは、積み木を組み合わせていくようにソフトウエアモジュールを統合するだけで、短時間に所望のシステムが完成します。

　モジュールの中身が分からなくても、抽象化されているので、モジュールの組み合わせは極めて楽になります。また、細かいことを考えなくてもモジュールを組み合わせる場合には、モジュール間の接続部分だけを慎重に考えるだけでよいのです。

　昔のソフトウエア開発はコンパイル方式で、プログラムを少しでも変更しようとすると必ず4段階の作業が必要でした。4段階とは、①新規または既存の流用を行うプログラム編集（edit）、②人の書いたプログラムをコンピュータへの指示である機械語に変換するコンパイル（compile）、③さらに変換したものとライブラリプログラムとの接続を行い、コンピュータが実行可能であるコードとするリンク（link）、④コンパイルされリンクされたコードの実行（run）ということです。高度に抽象化されたプログラムでは、具体的な多数のライブラリを利用する可能性があり、コンパイルやリンクに長い時間がかかってしまうケースがあります。また人がアイデアを考え、それにしたがって試行して結果を見られるまでの時間が長くなることもありました。人間にとって、アイデアを試して工夫を繰り返すサイクルを早くできないことが問題となっていました。

　それに対して、現在のさまざまなサーバや AI システムなど多くのシステムでは、コンピュータが十分に高速になったので、1 行ごとに翻訳してから実行するインタープリター方式でも実用速度となりました。現在ではこれが主流で、プログラム編集（edit）とプログラムの実行（run）の二つの作業を繰り返すだけで素早くソフトウエアが開発されています。このインタープリター方式は、モジュール化および抽象化との相性が良く、オープンソースの普及に大きく貢献しています。その上、さまざまなモジュー

ルをその場で取り換えて、簡単に短時間で実験を繰り返すことができます。もちろん高速化するためには、コンパイル方式の方が有利なので、完成したモジュールが個別にコンパイルされた高速モジュールになっている場合もしばしば見受けられます。

第2章

人工知能
Innovating AI

1．ＡＩ時代の教育

　人工知能の著しい発達にともない人間の担っていた職業の多くが AI に置き換えられるようになり、これまで当たり前であったものが大きく変わりつつあります。これによって懸念されるのは、将来の子供たちにどのような教育を行えば良いのかということで、AI には代え難い人間の役割とは何かについて多くの質問を投げかけられます。

　北欧の国では、国家を創る際にどのような社会をつくれば皆が幸せに暮らすことができるかに関して、長年多くの議論を重ねてきました。フィンランドでは、暮らしの基本にかかわる医療や教育など主なものは、その一部が税金で賄われ、所得格差に関係なく国民誰しもが健康で文化的な暮らしができるような社会を目指しています。

　もちろん国民一人ひとりの資質を向上させるためには、多額の教育費がかかりますが、社会的に弱い立場にある人々をも含め誰もが排除や摩擦、孤立感や疎外感を必要以上に受けることなく、社会の一員として主体的に関わり支え合う環境をつくっていこうと社会理念を掲げ、それがソーシャル・インクルージョン（social inclusion：社会的包摂）という考え方です。

　そこでは教育についていえば、少人数制の授業が多く、物事を理解するのにかかる時間は各自さまざまであることを前提に、個人を尊重した形態が組まれています。多くの学生が同時に受ける一斉授業から落ちこぼれや劣等意識を抱える学生をつくらないように、それぞれに見合ったかたちで追加授業や補講を行ってきました。一人ひとりを尊重し個性を活かすような工夫が授業のなかで施されているのです。

　しかしこの教育システムを採用するには、学生を教える前に優秀な教員

を集めなければならないので、実現に至るまでには長い苦難の道のりでした。現代ではAIの出現によって、教育に取り入れることで各人の能力に合わせたかたちで教育を進めていくことも可能になりました。人工知能を用いて個人の理解度を測定しながら、自動的に学習を進めていく人工知能搭載の学習支援システムが実験的に行われています[1]。

フィンランドの大学の各講義は担当教員の自由裁量に基づいて成り立っています。教員が作成するシラバスに沿って各人の教育経過を多角的に記録するためのAIが導入されるなど、新しい教育方法が採られています。日本のように文部科学省が一定の方針を示し、それに沿って大学が一斉に同じ教育システムをはかることで一様の資質を保つという発想では、枠に収まらない優秀な人材ほど潰れてしまうように思われます。

日本の高等教育機関では、国内の博士を大量に増やしたがゆえに就職できないポスドク生が溢れています。2016年の時点で、15,910人のポスドク生のうち男性の平均年齢が36歳、女性が37歳と高年齢です。その平均年齢も年々上昇傾向にあり、ポスドクの高齢化という深刻な問題を受け止めなければいけません[2]。ポスドクの人たちが国内ばかりに目を向け、海外の就職先を探さないことにも原因はあると思いますが、国としてこうした優秀な頭脳の行き場を失っている事態にも問題が見受けられます。

一方米国では、ABET（Accreditation Board for Engineering and Technology）という民間機関があり、そこで米国内の大学における授業内容の評価および認可を行っています。ABETの分野は幅広く自然科学、応用科学、コンピュータ科学、工学、土木工学など2017年10月の時点で、3852のプログラムの評価や認可を担い、637の大学がその学部および大学院の認可を受けています。

かつて私（武藤）がアメリカでの教員時代にケースウエスタンリザーブ大学電気工学応用物理学科のABET担当を命ぜられたことがありました。必要な書類を揃え、ABETの人にインタビューを受ける係りです。そこでは、講義概要を示したシラバスだけでなく、詳細な毎週の課題やその課題

1 http://science.sciencemag.org/content/357/6356/1101/tab-e-letters
2 http://science.sciencemag.org/content/357/6355/951/tab-e-letters

に対する学生の回答など膨大かつ詳細な書類の提出とインタビューがあります。ABET からは学部長もしくはそのクラスの人が派遣されてきます。ここでの ABET の評価は、学部長らが投票する国内外の学科別ランキングにも反映します。また、その評価は蓄積され 6 年以内に更新されなければなりません。しかし有名な学科では、学生にとって有益でないと判断された場合に限り ABET 認証をあえて受けないこともあります。

こうした新たな時代を目前に AI が多用される社会では、子供にどのような教育をしたらよいかについて、考えてみたいと思います。そして AI には何ができるか、AI は人間の感情をどこまで読み取れるようになるかなど人間と AI の関係にも言及していきます。

前章では三段論法の演繹法に基づく自動推論の話をしましたが、現在 AI のなかでとりわけ多く用いられているのは、帰納法に基づく機械学習です。そこには統計手法から発達したアンサンブル機械学習[3]とニューラルネットワークから発展したディープラーニングがありますが、アンサンブル機械学習とは、その名前の通りいくつかの機械学習の「良いとこ取り」をした計算手法で、それらを日常のなかに取り入れることで効率をはかることができるようになります。

3　武藤佳恭『超実践アンサンブル機械学習』（近代科学社）2016 年

2．AIとは何だろう

ここでは、基本となる AI と機械学習の考え方について説明をします。

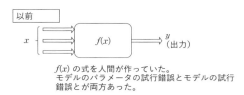

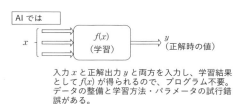

図 2-1　AI の基礎

　図 2-1 を参照してください。多数の入力 x から出力 y を計算する関数 $f(x)$ があるとします。ここでは x を入力し、関数 $f(x)$ を計算することで出力 y が得られます。これを通常のコンピュータで行うと、コンピュータは関数 $f(x)$ にしたがって外部入力 x から計算して結果 y を出し、これによってコンピュータは人に決められた反応をすることができるということになります。

　これを AI を使うことでどうなるか見てみましょう。

　AI では、大量の入力 x と出力 y のセットを事実データとして多数組集め、この事実データのセット x と y を入力として与えて学習させると、

結果として関数 $f(x)$ が生み出されます。これによって学習後は、新たな入力 x を入れると、予測値 y が自動的に得られるようになります。ここで予測できるようになった関数 $f(x)$ は、計算機の中にある大量のデータのような形で保存できるため、コピーシステムを作ることも可能です。

　少し前までは計算機の性能が足りなかったため、大量のデータを何百段もの関数 $f(x)$ で学習させることは不可能でした。しかしハードウエアの進歩、とくに大規模並列計算の可能な GPU にフィットさせるライブラリが発達したことから、現実的に一定時間内で機械学習が可能な時代となり応用分野が広がり始めています。PC 自体は安くなったとはいえ、それに付随する部品が高価なため、応用分野の広がりと量産によるコスト低下は生まれたばかりであり、今後 10 年程度で加速度的に進歩していくものと予想されます。

(1)…… 機械学習のいろは

　機械学習の中には、演繹法と帰納法があります。

　演繹法（deductive method）とは、簡単に説明すると三段論法のことです。三段論法とは、A ならば B、かつ B ならば C、ゆえに A ならば C と推論できます。有名な例題を次に示します。

　ソクラテスは人間である。すべての人間は死ぬ。この二つの事実（ルール）から、ソクラテスが死ぬかどうかを三段論法で導き出します。

　Prolog プログラムでは、この二つのルールを次のように 2 行で表現します。

man(socrates). は、ソクラテスは人間であるという表現です。

mortal(X) :- man(X). は、X が人間であるならば、X は死ぬ運命にある。X は変数で、:- の記号は、右辺の項が正しければ、左辺が成立することを示す記号→のことです。つまり B:-A は、A ならば B（A → B）というこ

とになります。

man(socrates).

mortal(X) :- man(X).

　ここで、次のような質問をシステムにすると、true. の答えを返してきます。つまりソクラテスは死ぬ運命にあるということです。

mortal(socrates).

true.

　下記サイトにアクセスすれば、簡単に prolog プログラムが動作する無料 web サービスを利用することができます。

https://swish.swi-prolog.org/example/lists.pl#tabbed-tab-0

使い方は、上記サイトの左半分の＋ボタンを押し、program を選択し、Program タブを作り、以下 2 行を書き込みます。

man(socrates).

mortal(X) :- man(X).

　次に、右下の枠内に、以下の 1 行を書き込みます。

mortal(X).

Run! ボタンをクリックすると、書き込まれた mortal(X). を実行し、X=socrates と答えが返ってきます。また、mortal(socrates). と書き換えて、Run! ボタンをクリックすると true の答えが返ってきます。

さまざまな例題があるので、チャレンジしてみてください。

　演繹法と対照的な手法が帰納法（inductive method）です。帰納法の代表的なものが統計手法です。いま、流行のアンサンブル機械学習（ensemble machine learning）やディープラーニング（deep learning）も、本来は統計手法に過ぎません。演繹法では、ルールが正しければ、導き出された結論は 100％正しいことになります。ところが帰納法では、導き出された結果が 100％正しくなることはありません。

　帰納法のこの弱点は、人間が持っている特性に似ているようにも思われ

ます。人間は難しい問題に直面すると、判断に揺らぎが生じ、間違った結論を導くことがままあります。帰納法の精度は、機械学習の手法によって決まってくるものです。

(2)⋯⋯ コンピュータが目と耳をもつ

　AI の効果を簡単に言えば、コンピュータが目と耳を持ち始めた状況であるということができます。従来の計算技術では、個人差など個別にばらつく情報を吸収する複雑なプログラムを開発することが難しかったため、音声認識や画像認識などは苦手なものとされていました。ところが、プログラムを過度に複雑にせず、個人差を含む大量のデータを学習することで、精度のよい結果を実現することが可能になる時代がやってきました。計算パワーの大量動員が可能になった背景には、クラウドによって裏に膨大な計算パワーを持つアーキテクチャが採用できるようになったこと、GPUなどの並列処理実装技術が進んだこと、ソフトウエアアーキテクチャの改良が進み、最先端のソフトウエアがオープンソースで誰でも手に入る時代になったことがあります。

　図 2–2 には、AI システムの開発と運用を示しています。AI 開発段階では、まず学習データ x と正解データ y を大量に用意して学習させます。そして、学習済みの $f(x)$ に対して検証データ x を入力し、出力される y と正解データの y を照合した上で正解率を算出します。実際には、用意された学習データの 70–80％程度を学習に用いて、残りの 20–30％程度を使って学習済み AI の評価をします。AI 開発は、AI システムの方式やパラメータを試行錯誤しながら、その問題の特性に合ったシステムを開発していきます。

　開発がいったん終わったら、運用システムに実データを組み込みます。図 2–2 の下段です。開発段階で生成された AI システムを運用システムに移し、運用で取得される値を実データ x として AI システムに流し込み、

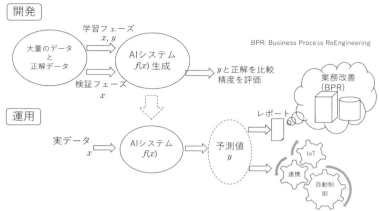

図2-2　AIシステムの開発と運用

　AIシステムから出てくる予測値 y を使って、さまざまな応用を実現します。このシステムを業務改善に使う場合もあれば、メカ系を交えた実システムの制御連携に用いる場合もあります。AIシステムを開発する段階ではAIエンジニアが大きな仕事をしますが、実システムで役立てるには、応用分野ごとの固有な業務知識いわゆるドメイン知識が必要になります。

　一般に、ドメイン知識とAI開発の両方が必要になりますが、両方を理解している人はほとんどいません。AI開発者はドメイン知識を持っていないことがたいていで、ドメイン知識がある人はAI開発ができないことも多いです。その場合でも双方にコミュニケーション能力があれば、協力して問題を解いていくことができます。

(3)……AIはコミュニケーション

　AI開発は、従来のソフトウエア開発とは大きく異なります。

　ソフトウエア開発では、目的の動作をシステムにするためのソフトウエアやそのアルゴリズムを組んでいくことがほとんどでした。アルゴリズムを分かりやすくするために保存しているデータを表形式で整理することが

多く、データの構造も設計していきます。

　AI 開発では、いくつもの存在するアルゴリズムを既存のものと考え、学習データをアルゴリズムの前提に合うように形式や値の範囲を調整していきます。この調整をデータクレンジングと呼ぶことがあります。

　もちろん、既存のものに見合うアルゴリズムがない問題の場合には、新しいアルゴリズムに取り組むケースもありますが、類似の例が既にある場合には、既存のアルゴリズムで十分に役立つことができます。適したアルゴリズムを選ぶことができれば、データクレンジングの工夫がプログラミングの主要部分になっていきますので、あとは学習の繰り返しの数や中間層での並列処理要素の数などハイパーパラメータの調整を行っていくことになります。

　極端に言えば、AI 開発ではソフトウエア開発よりも、データの取り扱いや実験の繰り返しを行っていく計画性の要素が重要となってきます。また、AI にかけるデータが膨大なサイズになることもあり、インフラに負担をかける可能性があります。そのような場合には GPU などを用いた高性能計算機の構成法や大容量高性能メモリ、大容量高性能ストレージ、高性能ネットワークなどが必要となる傾向が高いのです。お金が十分にないことも多く、そのときには限られたリソースを効率良く利用する昔のチューニング技術が役立つ場合もしばしばです。実用的な AI システムには、個人情報をはじめ取り扱いに注意しなければならないデータも含まれることが多いので、セキュリティの知識も必要になってきます。

　図 2–3 に AI システムの技術要素を示します。

　AI システムと呼ばれるものの AI 部分は全体の 15 ％程度で、その他にデータを収集するための IoT システム、大量のデータを扱う DB システム、データやネットワークを守るセキュリティ管理、データ流通を支えるネットワークシステムなどがあります。これらの要素をクラウドに置くならクラウドシステムなど、さまざまな技術が同時に必要になるのが AI システムです。

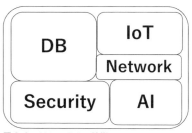

図 2-3　AI システムの技術

　AI はアルゴリズムで見ると、統計や解析の次の段階に位置づけられる面があり、そうした状況からデータサイエンティストに光が当てられつつあります。AI プロジェクトを成功させるには、データサイエンティスト、ソフトウエア開発者、インフラ技術者、セキュリティ技術者など、従来のシステム開発よりもより幅広い分野での専門家が必要とされ、それらのプロジェクト管理が重要になってきます。そこで、これからの AI 社会では、AI 部分の難しさだけではなく、多くの異分野の専門家と対話ができるかどうかというコミュニケーション能力とプロジェクト管理能力が結果を大きく左右する時代になるのではないかと思われます。

(4)……集めて高性能にするアンサンブル機械学習

　簡単な機械学習法で比較的性能の良いアルゴリズムを有しているのは、アンサンブル機械学習です。通常の CPU マシンでアンサンブル学習は動作します。データが数値データだけの場合には、はじめにアンサンブル機械学習を試してみるのが効果的です。一方、データに画像が多い場合は、画像処理のためのディープラーニングを用います。ディープラーニングは、GPU マシンで機械学習を行います。アンサンブル機械学習やディープラーニングはともに統計手法を用いた繰り返し学習であると述べましたが、歴史的にはまったく違う分野から成長し進歩してきています。

アンサンブル機械学習は、最新の統計手法から発展してきています。そこには、アダブースト（Adaboost）、ランダムフォレスト（RandomForest）、エクストラトリー（ExtraTree）、エクストラトリーズ（ExtraTrees）、グラディエントブースティング（GradientBoosting）、バギング（Bagging）、多数決分類器（VotingClassifier）などがあります。

端的に説明すると、学習アルゴリズムの基礎である分類器の性能の高くないもの（弱分類器と呼ぶ）を組み合わせて、性能の高い分類器を作る手法です。弱分類器は概ね二種類に分けることができます。バギングとブースティングです。

バギングは、学習データの抜けや重複を許して複数個に分割し、それぞれの分割されたデータごとに弱分類器を配置する手法です。分類結果は、各弱分類器の出力した分類結果の多数決をとっていきます。ブースティングは、弱分類器に繰り返し学習させ、それを最終的な強分類器の一部とするもので弱分類器を追加する際に何らかの重み付けをするのが一般的です。各弱分類器の出力した分類結果に対して重み付けを行い、多数決をとっていく方法です。ここでの重み付けも学習によって決めていきます。

バギングには幾つかの方法があり、ランダムフォレスト、エクストラトリー、エクストラトリーズ、バギングなどです。分類をツリー状に表したものを決定木と呼びますが、ある課題において成立する決定木の構成候補は多くあります。候補の決定木を多数集め、多数決をとるようにしたやり方をランダムフォレストと呼びます。エクストラトリーズは、ランダムフォレストの派生形の一つです。決定木を作るときに分岐させる位置の選び方について、ある基準で良い部分を選択したものをまとめてランダムフォレストといい、単純にランダムで選ぶやり方をエクストラトリーズと呼びます。

ブースティングには、アダブースト、グラディエントブースティングなどがあります。アダブーストは、難易度の高いデータを正しく分類できる弱分類器の重みを増やすように重み付けを構築する方法です。グラディエ

ントブースティングは、新しい弱分類器を加える方法です。さらにスタッキング（stacking）と呼ぶ、訓練用のデータセットを分けて複数の分類器を用い、各分類器から取得した値を特徴量として使ってさらに分類器に入力し学習させる方法があります。

(5)……GPU が手助けするディープラーニング

ディープラーニングは、ニューラルネットワークから発展してきました。ニューラルネットワークとは、人工ニューラルネットワーク（artificial neural network：ANN）とも呼ばれます。人の神経細胞の集まっている脳機能に見られるニューロンによる単純な特性を、計算機上のシミュレーションによって表現する数学モデルのことです。ディープラーニングのディープとは、ニューラルネットワークの層が深いことを意味します。多くの隠れ層を用いると総計算量が非常に多くなり、計算機で処理するには必要な時間がどんどん長くなってしまいます。これでは精度は上がっても実用的とはいえませんでした。ところが、クラウドによる大規模計算パワーの投入や GPU の進化によって大がかりな計算を行うことのできるハードウエアを手に入れることが可能になり、さまざまなニューラルネットワークのものを実行することが有効的になってきました。これにより、AI ブームが起きています。

これに対しニューラルネットワークの層が浅い場合は、ファンクショナルリンクネット（functional-link net）と呼ばれます。詳しくは、IEEE Computer vol 25, 5, 1992, pp.76–79 の論文を見てください。汎用な人工ニューラルネットワークコンピュータのシステムアーキテクチャおよびネットワーク計算手法です。そこでは、教師あり学習および最適化が説明されています。下記サイトから、pdf ファイルで読むことができます。

http://neuro.sfc.keio.ac.jp/publications/pdf/paocomputer.pdf

ニューラルネットワークでは、一つずつのノード（ニューロンとも呼ぶ）

の各入力にそれぞれ重みをかけて合計を計算し、次の段に伝えます。この合計を次に伝える際に、活性化関数というものを作用させます。それは、入力の総和が出力に伝わる、その伝わり方を意味します。

　ニューラルネットワークの初期には、活性化関数は閾値を挟んで1か0を取るなどのステップ関数が普通で、パーセプトロンと呼ばれる時代もありました。最近では、ニューラルネットワークの段数が増えたり、繰り返し学習の続くディープラーニングでは、計算が多数回行われるため、数値の誤差を累積しにくくするような工夫を加えることが不可欠です。データが極端に大きくなったり小さくなったりすると誤差を生みやすいので、適当な範囲を大きくはみ出さないように、そしてプログラムの特徴を失わないように値の範囲を自由に拡大・縮小できるような操作が必要になります。そのような操作を正規化の一つと捉え、活性化関数で正規化するので、正規化関数と呼ぶことも多いです。

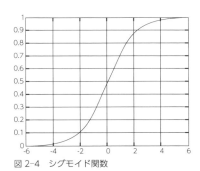

図 2-4　シグモイド関数
https://ja.wikipedia.org/wiki/シグモイド関数

　シグモイド関数とは、上記の図2-4にあるように、入力の値が幅広いのに対し、ゆるやかに0と1の間の値を取る関数でディープラーニングでは基本的に利用されています。

　また、活性化関数として良く使われるものに、ソフトプラス関数 $Log(1+e^x)$ と ReLU（ランプ関数）があります。ReLU関数は、正規化線形

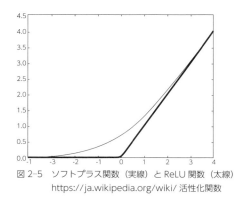

図 2-5　ソフトプラス関数（実線）と ReLU 関数（太線）
https://ja.wikipedia.org/wiki/活性化関数

関数とも呼ばれ、収束が早くなり計算量が減らせる効果が期待され、隠れ層の活性化関数として近年好まれるようになったものです。図 2-5 の直線的なものが ReLU（ランプ関数）、曲線的なものがソフトプラス関数です。

3. 多様なＡＩ機械学習

(1)……重回帰と AI でアイスクリームの売上を予測する

　従来の予測的な方法のなかで代表的なものが、統計学の重回帰分析です。重回帰分析とは、専門家が重回帰式をひねり出し、データを使ってその重回帰式のパラメータを決定していきます。ここでは、簡単な例を示しながら説明します。

　統計学用語の説明になりますが、バラバラにある現象の法則性を見るために、そのバラバラのデータをグラフに点として多数記載し、全体をなんとなく共通で俯瞰できそうな近似を行います。この近似を直線で行うと、直線を表す式は一次元の式で表され、それを回帰分析と呼びます。近似を x 座標の二乗以上の項を用いた曲線で近似することを、重回帰分析と呼びます。回帰分析または重回帰分析というのは、結果を直線や曲線の式の形で想定をしていて、データからそれらの式の各係数を求める作業のことをいいます。

　重回帰分析の例を一つ書きます。

　ここに最高気温（temp）、通行人数（street）、アイスクリーム売上（ice）の 31 日分のデータがあります。このデータを基に最高気温と通行人数からアイスクリームの売上予測を行います。使用するデータファイルは次のようになっています。date, ice, temp, street のデータは、カンマ（,）で区切られています。例えば、最初のデータは、2012/8/1（日時）, 12220（売上）, 26（最高気温）, 4540（通行人数）です。

date,ice,temp,street

2012/8/1,12220,26,4540

2012/8/2,15330,32,5250

…

2012/8/30,20030,26,8870

2012/8/31,11160,27,4410

データは、http://web.sfc.keio.ac.jp/~takefuji/ice.csv からダウンロードできます。

　この問題を重回帰式で表現すると、次のようになります。説明変数 $x=(x1, x2)$、目的変数 $y=($ アイスクリーム売上 $)$、定数 (c)、そして temp と street は求めたい重回帰式の係数です。説明変数 (x) は、ここでは最高気温 $(x1)$ と通行人数 $(x2)$ の二つです。目的変数 (y) は、アイスクリーム売上です。temp, street, c などの係数はデータから計算していきます。

$y=$temp$\times x1+$street$\times x2+$c

　この式で、y はアイスクリームの売上、temp は気温 $x1$ の係数 , street は通行人の数 $x2$ の係数、c は定数です。temp, street, c の３つは、重回帰式の係数で、重回帰分析の結果を決定します。実際の値と重回帰式のあてはまりの良さを示すのが r-squared 値です。r-squared 値が１に近づけば良いモデルであり、１から遠ざかると悪いモデルとなります。r-square は重相関係数 (r) の二乗のことで、応用分野によりますが、概ね 0.7~0.8 程度が目安とされています。

　それでは実際にやってみましょう。

Cortana に bash と入力し、Linux（Ubuntu か Debian）を起動します。下記サイトから、Miniconda2-latest-Linux-x86_64.sh ファイルを wget コマンドでダウンロードします。

最新のファイルを利用してください。

https://conda.io/miniconda.html から Linux、Python 2.7 の 64-bit ファイルを選んでください。

1. $wget https://repo.continuum.io/miniconda/Miniconda2-latest-Linux-x86_64.sh

System に適正な証明書が設定されていないなどで、セキュリティ警告が出てしまうことも多いです。その場合は、証明書チェックを外すオプションを wget コマンドに付加します。

$ wget --no-check-certificate https://repo.continuum.io/miniconda/Miniconda2-latest-Linux-x86_64.sh

2. Miniconda2（conda）を次のコマンドで、インストールします。

$ bash Miniconda2-latest-Linux-x86_64.sh

Enter キーを 1 回押します。

その後、スペースキーを 2 回押します。

yes と入力します。

Enter キーを押します。

yes と入力します。次のコマンドで、conda を起動できるようにします。

$ source .bashrc

3. 次の命令で、conda を最新版にします。

$ conda update conda

$ conda install pandas

y と入力し、次のコマンドで、アイスクリームデータをダウンロードします。

$ wget http://web.sfc.keio.ac.jp/~takefuji/ice.csv

4. 同様に、statsmodels、matplotlib をインストールします。

$ conda install statsmodels

$ conda install matplotlib

reg_g.py ファイルはアイスクリームの売上予測プログラムです。

------reg_g.py----

```
from math import *
import pandas as pd
import numpy as np
import statsmodels.api as sm
import matplotlib.pyplot as plt
import re,os
data=pd.read_csv('ice.csv')
x=data[['temp','street']]
x=sm.add_constant(x)
y=data['ice']
est=sm.OLS(y,x).fit()
print(est.params)
print(est.rsquared)
t=np.arange(0.0,31.0)
plt.plot(t,data['ice'],'b--',t,est.predict(x),'b-')
plt.show()
-----reg_g.py----
```

この Python プログラム (reg_g.py) を実行すると、次の結果を表示します。
```
$ python reg_g.py
const      794.135485
temp       176.143803
street       1.310358
('r-squared', 0.450081118761265)
```

　重回帰の結果を見ると、r-squared 値が 0.45 であり重回帰モデルは良くありません。係数の temp は 176 なので、温度が 1 度上昇すると 176 円売上が上がるというわけです。また通行人数が 1 人増えると、1.3 円売上に

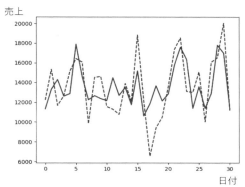

図 2-6　重回帰式による予測（実線）と実際のデータ（点線）の違い

貢献します。しかしながら、モデルはあまりよくないので、この係数もそれほど当てにはなりません。重回帰式が適当でない理由は、専門家が作った式が良いか悪いかは実行してみないと誰にもわからないからです。

この問題の場合、気温が高くなるとアイスクリームよりもカキ氷の方がよく売れるので、気温が単純に上がっても、ある一定以上の気温を超えると逆に売り上げは下がります。

従来の重回帰分析では、図 2-6 のように専門家がモデルを作成しないといけないわけですが、アンサンブル機械学習ではモデルはデータから自動的に生成されます。つまり、アンサンブル機械学習を使えば、専門家のモデル作成の知識は要らないわけで、モデル構築を行う専門のデータサイエンティストは関わらなくて済むようになります。AI に近いといわれるデータサイエンスの分野も流行してきていますが、一方でその専門家の仕事を AI に置き換え行っている側面があるというのも事実です。

ここで、オープンソースのアンサンブル機械学習のランダムフォレスト（random forest）のアルゴリズム[4]とエクストラトリーズ[5]（extratrees）で試してみましょう。

4　http://web.sfc.keio.ac.jp/~takefuji/randomforestreg.py
5　http://web.sfc.keio.ac.jp/~takefuji/extratreesreg.py

オープンソースのアンサンブル機械学習パッケージは、scikit-learn です。scikit-learn をインストールすると、簡単にアンサンブル機械学習の実験をすることができます。

randomforestreg.py と extratreesreg.py を下記のようにダウンロードすると、それぞれ実行することができます。
$ wget http://web.sfc.keio.ac.jp/~takefuji/randomforestreg.py
$ wget http://web.sfc.keio.ac.jp/~takefuji/extratreesreg.py
オープンソースのアンサンブル機械学習、scikit-learn を次のコマンドでインストールします。
$ conda install scikit-learn
次のコマンドで、ランダムフォレストとエクストラトリーズのアンサンブル機械学習をそれぞれ実行します。
$ python randomforestreg.py
$ python extratreesreg.py

アンサンブル機械学習のランダムフォレスト手法の結果は、r-squared 値は 0.867 でした（図 2-7）。アンサンブル機械学習のエクストラトリーズ手法では、r-squared 値は 0.984 でした（図 2-8）。

アンサンブル機械学習では、データが自動的にモデルを作成するだけでなく、人間が作成する重回帰手法に比べても、かなり良い結果を出してくれます。また、アンサンブル機械学習の手法は、比較的簡単に実験および実証を行うことができるので便利です。別の言い方をすると、ある現象が多数の要因で決まっているような場合でも、アンサンブル機械学習で高めの精度を得ることが可能です。しかも、結果を左右する影響度の大きい要因を見つけることができます。

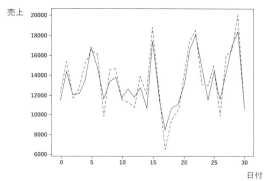

図 2-7 ランダムフォレスト手法の結果（点線が実際のデータ、実線が予測値）

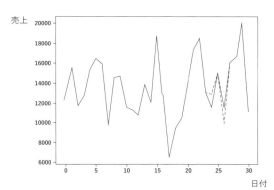

図 2-8 エクストラトリーズ手法の結果（点線が実際のデータ、実線が予測値）

一言コラム

データの公開はどうあるべき？

　米国では政府がベンチマークデータを公開し、そのデータを用いて誰もがアルゴリズムの性能を比較したり入札業者を選択したり、自由にできるようになっています。日本では税金で収集したデータもほとんど公開されず、その多くはデータを利用できない場合がほとんどです。

私（武藤）はかつて政府のデータベース活用に関する政府の委員長になったことがありました*。現在、皆さんが無料でデータにアクセスできる特許庁のデータベースは、その時に構築したものです。

　当時、米国の特許情報は Abstract までは無料で入手でき、それ以上に読もうとすると有料になっていました。これに対し日本では、すべての情報を無料で手に入れられるようにしようとチャレンジし、その計画が大胆すぎたのか委員長のポジションを直ぐに解任されてしまいました。しかし、このプロジェクト自体は成功裡を収めることができました。その理由は、特許庁側の元システム構築責任者を委員に選ぶなど、人選に力を注いだからです。本来なら日本政府が有するデータやデータベースを活月すると、社会の活性化やイノベーションにつながるのですが…そうなっていないのが残念です。

*社会基盤システムとしてのデータベースサービスに関する調査研究報告書（平成9年）

(2)…… 手書き数字を AI で認識

　ニューラルネットワークのディープラーニング手法は、画像処理でしばしば利用されます。

　最初の例は、MNIST 手書き数字データです。NIST（National Institute of Standards and Technology, https://www.nist.gov/）は、JIS（Japanese Industrial Standards）の日本工業標準調査会と同じような役目をしているアメリカ国立標準技術研究所のことです。データは、数字一桁の画像ファイルです。一つの手書き数字は、縦横 28 × 28 ドットの画像で、各ドットは鉛筆の濃さを示す

0~255 の数値で、値が大きいほど黒く値が小さいほど白いことを意味します。7 万人分の各々 0 から 9 の手書き数字のデータからなるデータセットが、MNIST 手書き数字データです。

　ここでは、GPU を使った最先端のディープラーニングを紹介します。紹介するプログラムは、GPU マシン上で作動します。"*GPU parallel computing for machine learning in Python*" の Kindle 本でも述べていますが、3 通りの方法があります。

1．お金に余裕のある方は、一次代理店の菱洋エレクトロから GPU デスクトップを購入してください。（100 万円位）

2．Asus 社の ASUS ROG Zephyrus GX501 ノートパソコンがお薦めです。（30 万円ほど）

3．自分で GPU デスクトップを組み立てる（30 万円から 40 万円）

　2 と 3 の方法に関しては、GPU の本をご覧ください。

　MNIST 手書き数字用のディープラーニングプログラム（keras_cnn.py）は、次のサイトから入手できます。

https://raw.githubusercontent.com/adventuresinML/adventures-in-ml-code/master/keras_cnn.py

　NVIDIA 社の CUDA toolkit を GPU マシンにインストールした後は、AI アプリケーションを抽象度が高く記述できるようにするために、構造を取り決めたフレームワークと呼ばれるソフトウエアツールをインストールします。簡単に最先端のソフトウエアが作動します。このプログラムの主要部分であるディープラーニングのニューラルネット構造と機械学習の部分を取り出して簡単に解説を行います。

　このプログラムは、Keras という名前のフレームワークを使用しています。プログラムは Python 言語で記述されており、そこでのディープラーニングの構造を図 2–9 に示します。

　図 2–9 のディープラーニングネットワーク構造は、次の Python プログ

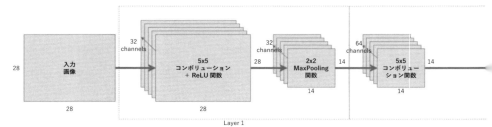

図 2-9 MNIST 手書き数字学習のためのディープラーニングネットワーク構造
http://adventuresinmachinelearning.com/keras-tutorial-cnn-11-lines/
但し、英語部分は日本語に置き換えた

ラムで表現することができます。

```
model = Sequential()
model.add(Conv2D(32, kernel_size=(5, 5), strides=(1, 1),
                 activation='relu',
                 input_shape=input_shape))
model.add(MaxPooling2D(pool_size=(2, 2), strides=(2, 2)))
model.add(Conv2D(64, (5, 5), activation='relu'))
model.add(MaxPooling2D(pool_size=(2, 2)))
model.add(Flatten())
model.add(Dense(1000, activation='relu'))
model.add(Dense(num_classes, activation='softmax'))
```

図 2-9 のディープラーニングの構造と Python プログラムの両方を同時に眺めるとわかりやすくなります。モデル（model）で使われている Conv2D は畳み込み層（空間的な情報を維持）、MaxPooling2D はマックスプーリング層（入力データをより扱いやすい形に変形するための情報圧縮）、Flatten は入力を平滑化する層です。Dense は全結合層のネットワークを表します。また activation はニューロンの活性化関数を表し、ReLU 関数は $f(x)=\max(0,x)$。ニューロンの sigmoid 関数 $f(x_i)$ は、多数の入力 x_i を用

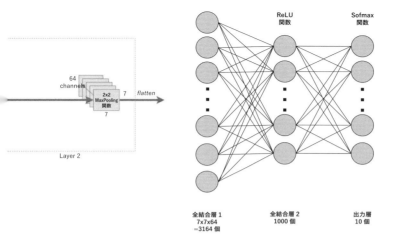

いると $f(x_i)=1/(1+\exp(-x_i))$ となり、Softmax 関数は、$f(x_i)=\exp(x_i)/\sum_{j=0}^{k}\exp(x_j) i=0,...k$ となります。

すでに述べたように細かいところは理解できなくても、手書き数字を判定するディープラーニングシステムは、畳み込み層・マックスプーリング層・フラット層・全結合層を組み合わせて、全体を構築しているのは把握できます。

2行目の Conv2D の32とは、このレイヤの出力が32チャネルあることを示します。6行目の Conv2D では64チャネルとなっています。5×5のカーネルサイズで28×28の画像のサブセットを区切って処理し、区切りを strides で示す単位を用いて縦横にずらすことによって処理を行います。activation は活性化関数のことで、ここでは ReLU で正規化線形関数を用いることを指定しています。この正規化線形関数は、正負の幅広い値の入力を扱いやすい正の小さい値にマップすることのできる性質の関数です。

5行目の MaxPooling は、入力データの2×2領域の中の最大値を出力する処理を指し、strides で表す単位によって縦横にずらして処理を行います。2×2の strides なので、ここでの出力は28×28が14×14になります。

6、7行目は同様の処理を64チャネルで行い、結果は7×7になります。

8行目はFlattenで一次元配列に直し、9行目のDenseは1000個のノードに受け取り正規化し、10行目で0から9までの10種類の結果に対してsoftmax処理を行います。softmaxは、対象の要素群の間で大小関係を変動させず、絶対値を調整して合計が1になるようにする処理です。結果として、ある手書き画像がどの数字に一番近いかについて配列を出力していくことになります。

このプログラムはKerasやTensorflowというフレームワークに支えられており、フローを記述するだけで大量の入力データを繰り返し流すことで学習させ、検証データで検証した結果の正解比率を算出するまでの環境が組み込まれています。

次のコマンドで実際に動作させると、次の結果が表示されます。

```
$ python keras_cnn.py
Epoch 1/8 val_acc: 0.9867
Epoch 2/8 val_acc: 0.9866
Epoch 3/8 val_acc: 0.9887
…
Epoch 8/8 val_acc: 0.9923
```

GPUマシンで実行すると、6万人分のデータを17秒ほどで機械学習し、学習結果で得られた関数を基に学習に使っていない1万人分のデータの分析を行うと、99.23％の精度で手書き数字（0から9）を識別できたことがわかります。手書き数字の判定精度の向上を図2-10に示します。ここでは、1Epochとは、6万人分のデータ学習を180回繰り返すことを意味します。

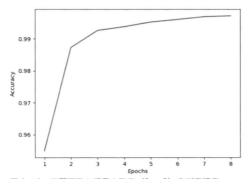

図 2-10　学習回数と手書き数字（0 〜 9）の判定精度
http://adventuresinmachinelearning.com/keras-tutorial-cnn-11-lines/

(3)……AI が物体を識別し数をかぞえる

　最先端の人工知能ソフトウエアを GPU で実行させると、いったいどこまでできるのかを説明します。最先端の物体認識 YOLO（You Only Look Once）は、C 言語で記述された darknet というフレームワーク上に構築されているオープンソースのソフトウエアです。GPU マシン（Ubuntu や Debian）で次のコマンドを実行すると簡単に YOLO をインストールでき、物体認識の実験が可能です。

```
$ git clone https://github.com/pjreddie/darknet
$ cd darknet
```

　普通のパソコンでは Makefile を変更する必要はありません。GPU マシンでは、Makefile ファイルの GPU=0 を GPU=1 に変更して、make コマンドを実行するだけで、YOLO の物体認識システムの動作環境が完成します。

```
$ make
```

　ここでは、以下の駐車場の画像を YOLO に与えて、テストしてみます。

```
$    ./darknet detect cfg/yolov3.cfg yolov3.weights cars.jpg
```

layer	filters	size		input		output	
0 conv	32	3 x 3 / 1	416 x 416 x 3	->	416 x 416 x 32	0.299 BFLOPs
1 conv	64	3 x 3 / 2	416 x 416 x 32	->	208 x 208 x 64	1.595 BFLOPs

・・・

| 104 conv | 256 | 3 x 3 / 1 | 52 x 52 x128 | -> | 52 x 52 x 256 | 1.595 BFLOPs |
| 105 conv | 255 | 1 x 1 / 1 | 52 x 52 x256 | -> | 52 x 52 x 255 | 0.353 BFLOPs |

106 detection

　先ほど実行したコマンド内の yolov3.cfg は 107 層のディープラーニング、ニューラルネットワークの構造を定義したファイルです。yolov3.weights はそのディープラーニングのシナプス結合の重みを表す情報です。yolov3.weights ファイルは、200M バイトの大きさがあることを意味します。ここでは、車の位置情報を表示できるように、オープンソースのプログラムを予め変更し、下記のように結果車の位置 (x_1, y_1, x_2, y_2) を表示するようにしました。結果の各行の car の位置は、発見した物体ボックスの left top (x_1, y_1) と right bottom (x_2, y_2) を表していて、図 2-11 での各車の左上と右下の (x, y) 座標です。%はその物体の認識率を示しています。図 2-11 の左上が原点座標 (0,0) になります。

　このように、物体認識した車の位置を把握できるので、全自動の駐車場管理システムや駐車位置へのナビゲーションなどの応用が考えられます。

car: 100%　20, 276, 298, 489

car: 100%　387, 415, 653, 639

・・・

car: 98%　664, 37, 841, 144

car: 94%　790, 60, 952, 189

　次の話題は、動物園の画像認証についてです。zoo.jpg ファイルを物体認証させるコマンドを実行すると、次の結果が表示されます。ここでの yolo.cfg は、32 層のディープラーニング構造です。yolo.weights は、yolo.

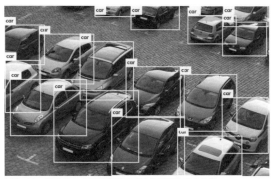

図 2-11　YOLO による駐車場での物体認識とその位置
https://pixabay.com/en/parking-autos-vehicles-traffic-825371/ の原画像

cfg のシナプス結合についての情報です。-thresh は、どれほど深く物体認証するかを指定する閾値です。閾値が小さいほど細かな物体を認識できることを示します。

$ ./darknet detect yolo.cfg yolo.weights zoo.jpg -thresh 0.2

bottle: 25% 174, 270, 198, 297

giraffe: 88% 174, 0, 619, 265

person: 84% 50, 130, 194, 378

person: 77% 34, 77, 131, 230

person: 35% 124, 96, 217, 303

図 2-12 で処理前は左、処理後が右です。YOLO は、zoo.jpg ファイルに対して、次のように結果を生成しました。人（person）が 3 人、1 頭のキリン（giraffe）、1 つの哺乳瓶（bottle）があり、それぞれの位置が分かります。

　YOLO を使って面白い実験をしたので紹介します。人間にはシミュラクラ現象というのがあります。Wikipedia によれば、シミュラクラ現象（Simulacra）とは、人間の目には 3 つの点が集まった図形を人の顔と見るようにプログラムされているという脳の働きのことです。人間のこの錯覚現

図 2–12　YOLO による動物園での物体認識と位置
http://www.ellaslist.com.au/welbourne/events/melbourne-zoo-close-up-encounters

象を、YOLO で試してみました。

　simulacra・door・dog の 3 つのキーワードを使って google 検索し、使えそうな画像を見つけ出します。次の画像を発見したので、YOLO に与えてみました。その結果を図 2–13 に示します。ドアの節目を dog と判断したようです。GPU マシンでなくても、普通のパソコンであれば 20 秒から 30 秒ぐらいで結果が出ます。GPU マシンでは、1 秒以内です。

　有名なシミュラクラ現象の板切れを YOLO で試してみました。図 2–14 のように、先ほどと同様、この板切れの節目を YOLO が犬と錯覚しました。

　人工知能を使えば、図 2–15 のように顕微鏡の写真内の物体数を数えることも容易にできるようになります。下記プログラムで実行すると次の結果が得られます。それによると全体の物体数は 185 個であることがわかります。Python 言語では、抽象化とモジュール化のお陰でプログラム（11 行）が非常に短くなります。

from skimage import io, filters
from scipy import ndimage
import matplotlib.pyplot as plt
from skimage import measure
im = io.imread('count.jpg', as_grey=True)

図 2-13　シミュラクラ現象の実験 1
https://soranews24.com/2014/12/07/dog-seems-to-appear-from-plank-of-wood-in-either-coolest-pet-trick-or-silliest-astral-projection/

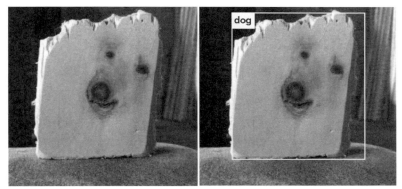

図 2-14　シミュラクラ現象の実験 2
http://www.ohmidog.com/tag/simulacra/

val = filters.threshold_otsu(im)

drops = ndimage.binary_fill_holes(im < val)

labels = measure.label(drops)

plt.imshow(drops, cmap='gray')

print(labels.max())

plt.show()

物体数を数える Python プログラム (counting.py)

http://web.sfc.keio.ac.jp/~takefuji/counting.py

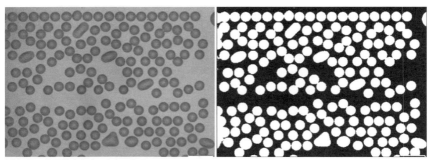

図 2-15　物体数をカウントしてみる
web.sfc.keio.ac.jp/~takefuji/count.jpg

　次に図 2-16 のイラストを見てみましょう。左図が実際の場合で右図が画像認識の結果です。実際は 12 人のところ結果は 11 人となっており、一人の男性の顔が斜めに写っていて判定に失敗している様子です。しかし、認識できなかった斜めの人も学習しておけば、ミスなくカウントすることができるようになります。下記サイトから人数を認識する Python プログラムをダウンロードして、実行してみてください。詳しくは、アンサンブル機械学習の本を参照してください。

http://web.sfc.keio.ac.jp/~takefuji/face.py

　通常のカメラ以外にも、紫外線カメラ、赤外線カメラ、サーモカメラ、顕微鏡カメラなどさまざまなカメラに人工知能機能を搭載すると、我々の想像を超えたカメラができあがり、近い将来にそうしたものが登場してくるに違いありません。

　最近ではモールなどの駐車場も進化し、駐車料金に見合う買い物を行っているかなどの情報を車のナンバープレートから判断できるようになっています。オープンソースのソフトウエア（openalpr）を使えば、簡単にシステムを構築することができます。Ubuntu であれば、次のコマンドで簡単にインストールできます。Windows であれば Bash On Ubuntu 上で、同

図 2-16　人の数をカウントしてみる

じコマンドでインストールしてください。
$ sudo apt install openalpr openalpr-daemon openalpr-utils libopenalpr-dev
テスト用の画像をダウンロードします。
$ wget http://plates.openalpr.com/h786poj.jpg
インストールした openalpr というソフトは、alpr というコマンドで起動でき、h786poj.jpg ファイルで認識できるか試してみます。
$ alpr -c eu h786poj.jpg
plate0: 10 results
　　- H786P0J　　　confidence: 89.8356
　　- H786POJ　　　confidence: 87.6114
　　- HN786P0J　　confidence: 85.2152
　　- H2786P0J　　confidence: 85.0755
　　- H3786P0J　　confidence: 84.8286
　　- HS786P0J　　confidence: 84.7763
　　- H786PQJ　　　confidence: 84.7612
　　- H786PDJ　　　confidence: 84.5669
　　- HN786POJ　　confidence: 82.9909
　　- H2786POJ　　confidence: 82.8513

alpr コマンドを実行すると、認識したナンバープレートの番号の候補を信

図 2-17　EU のナンバープレート
http://plates.openalpr.com/
h786poj.jpg

頼度のセットで 10 個出しています。信頼度が高い順に並んでいますので、1 行目の 89.8356％がトップの候補です。図 2-17 を見ると、確かに正解しているのが分かります。

(4)……AI が強化学習で囲碁将棋の世界チャンピオンに！

　強化学習（reinforcement learning）とは、環境を構成する機械学習システムの現在の学習状態を観測し、次のアクションを決定する別のエージェントが存在するような機械学習の全体システムについての構成法です。大量データに依存するのではなく、機械が自動的に先へ進みそれを機械が評価する、いわば機械のペースで先の学習を行う方法です。普通の教師が教える学習のように、機械の一つの行動に対して一つのデータがあるわけではなく、強化学習では機械の一連の行動の結果に一つの報酬があるというものです。

　動物をしつけるときのように、一連の行動に対して望ましいときは報酬を与えていくと、学習するなかで報酬の高い行動が習慣化するという、い

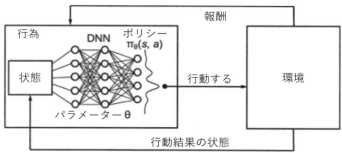

図 2-18　強化学習（エージェントと環境）
https://pvoodoo.blogspot.jp/2017/09/deep-reinforcement-learning-for-trading.html　但し英語部分は日本語に置き換えた

わゆるペットのしつけと似たようなものとも捉えることができます。ただし、機械学習における強化学習はしつけとは異なり、機械のペースで自動的に先に進むことで、ペットが人間より高性能になる場合も起こり得るのです。

　最近の人工知能に関する話題で、「AIが将棋名人に勝利」、「AIが囲碁チャンピョンに勝利」など難しいゲーム対戦でAIが人間の能力を超えた話をしばしば聞くようになりました。それらのゲーム対戦で使われている人工知能技術が強化学習（reinforcement learning）です。強化学習では、図2-18に示すように、システムは2つの要素（エージェント（Agent）と環境（Environment））から成ります。ここでは、エージェントが環境を制御します。エージェントは環境に対して行動を起こします。環境は、その行動の結果の状態と報酬をエージェントに送ります。この一連の行為を繰り返しながら、強化学習は進んでいきます。

　図2-19に示すように、AlphaGoは2つのディープラーニングネットワークを用意しました。一つは「どこに石を置くか」を決定判断するためのポリシーネットワーク（出力は確率）、もう一つは優勢かどうか「盤面の評価値」を決めるバリューネットワークです。

図 2-19　AlphaGo の強化学習
　　　　https://www.youtube.com/watch?v=W8XF3ME8G2I

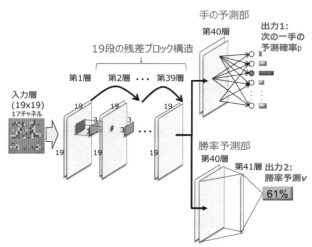

図 2-20　AlphaGo Zero のディープランニング
　　　　http://home.q00.itscom.net/otsuki/alphaZero.pdf

AlphaGo Zero では、図 2-20 にように、ポリシーネットワークとバリューネットワークを一つのネットワークにまとめてみました。すると、AlphaGo Zero は人間がすでに持っている囲碁に関する知識を学び、それだけでなく今まで知られていなかった定石も見つけています。そこでは490 万回の試合を自己学習し、1 回のモンテカルロ木探索では 1600 回のシミュレーションを行っています。つまり、AlphaGo Zero でこの学習を行なった結果、最初はランダムな振る舞いをしていましたが、人が手を加えることなく 3 日で強化学習を完了しています。

フランスのクーロン（Remi Coulom）は、ゲーム木の長所とモンテカルロ法の効率性を組み合わせて、見事な改善をはかるモンテカルロ木探索を開発しました。モンテカルロ法とは、乱数であらゆるケースを想定し結果を求め、正解に入る範囲を集計することで確率や期待値を求める方法です。クーロンはこれをゲーム木に対して適用し「モンテカルロ木探索」（MCTS：Monte Carlo Tree Search）と名づけ、2006 年 1 月、彼の Crazy Stone システムは初めて大会で優勝しました。モンテカルロ法でのプレイアウトの方法を改良し、多くのプレイアウトのパターン数がある次の打ち手候補が将来勝ちにつながる有利な手と見なすように、報酬（ウエイト）を割り当てました。プレイアウトとは、コンピュータが乱数に従い、二人の仮想プレイヤーを演じて、終局まで打ち切ることです。プレイアウト候補数が閾値を超えたら、その方向で木が成長するように一段深い階層まで追加検索するように戦略変更するアルゴリズムが、モンテカルロ木探索です。

2017 年の AI 将棋大会で優勝したのが、強化学習を使った Elmo です。短いコード（2500 行程度）で書かれた USI プロトコル準拠の思考エンジンで、オープンソースで公開されています。実用的な強化学習を勉強したい人は、このソースコードを使うと短くて良いでしょう。
https://github.com/mk-takizawa/elmo
チェス、囲碁、将棋などのゲームの強化学習には、次の論文が参考にな

Game	White	Black	Win	Draw	Loss
Chess	*AlphaZero*	*Stockfish*	25	25	0
	Stockfish	*AlphaZero*	3	47	0
Shogi	*AlphaZero*	*Elmo*	43	2	5
	Elmo	*AlphaZero*	47	0	3
Go	*AlphaZero*	*AG0 3-day*	31	–	19
	AG0 3-day	*AlphaZero*	29	–	21

図 2-21　Alpha Zero の勝率
https://arxiv.org/pdf/1712.01815.pdf

るかもしれません。https://arxiv.org/pdf/1712.01815.pdf

　図 2-21 にシステムごとの対戦成績を示します。チェスでは白を Alpha Zero、黒を Stockfish の組み合わせで 25 勝 25 引き分け、白黒逆にすると 3 勝 47 引き分けになります。将棋で Alpha Zero と Elmo が対戦した場合、先手が 43 勝 2 引き分け、47 勝 0 引き分けなどです。囲碁で Alpha Zero と AG0 3-day が対戦すると、先手が 31 勝と 29 勝です。お互いに引かないので、チェスや将棋は勝引き分けが多いですし、チェスは後手有利、将棋や囲碁は先手有利な感じもします。圧倒的に有利なシステムは特定できないことから、各システムが競って向上していっているのが分かります。

一言コラム

コンピュータアルゴリズムは人間の裁判官よりも優秀？

　2018 年 1 月 19 日号の Science 誌に "アルゴリズムは良い裁判官か？" という論文が掲載されています。裁判が始まる前に、被告人を釈放すべきかどうかの判断にコンピュータアルゴリズムを米国の 5 つの州で使っているそうです。年間利用料 22000 ドルの COMPAS ソフトウエア（Correctional Offender Management Profiling for Alternative Sanctions）が利用されています。このプログラムの正答率は約 70 ％ だそうです。人間に比べて、偏見や主観

が入らないので、判断に偏りがないとプログラムの作者は言っています。

　この 70％の正答率を高いとみるか低いとみるか？　私（武藤）は低いと思います。なぜならば、アンサンブル機械学習や、最新の強化学習を使えば、80％以上あるいは 90％以上の正答率の達成が可能かもしれないと考えるからです。チャレンジしたい方は、次の論文 "The accuracy, fairness, and limits of predicting recidivism" を参照してください。

参照 http://advances.sciencemag.org/content/4/1/eaao5580.full
　　 http://science.sciencemag.org/content/359/6373/263/

第3章

セキュリティ
Innovating AI

1．サイバーセキュリティ問題が怖い

　AI 時代におけるサイバーセキュリティの問題は、ネットに関する身近な内容から重い犯罪に至るものまで多岐にわたっており、現象面では「盗聴」「改竄」「なりすまし」などのかたちで認識されることが多く挙げられます。

　「盗聴」は、漏れてはいけない情報が漏れたり、伝わるはずのない情報が見ず知らずの相手に伝わってしまうことです。「改竄」は、あるデータや情報を権限のない人が許可なく不正に使用したり変更したりすることであり、「なりすまし」は、関係のない他者が本人になり代わって行う行為のことです。

　たとえば ID やパスワード、カード番号など何らかのシステムの権限を行使する情報が洩れると、他者にシステムへの不正アクセスを許すことになり、他人でも自由にシステムや情報を変更できる「改竄」に繋がっていきます。また他人に「なりすまし」た上でさらに不正な行為を広げていくと、他者を騙すなど、より堅固なシステムへの攻撃を可能にしてしまいます。

　こうしたセキュリティ問題が浮上してきた背景には、時代的な要因が深く関わっており、主なものとして三つ存在すると思われます。一つは、コンピュータの構成方法であるアーキテクチャが時代の変遷とともに少なくなってきていることです。建物をつくる際に、鉄筋コンクリートや木造などさまざまな素材があるように、計算機の構成方法にも元来であれば幾つかの種類がありました。30 年前の大型計算機の時代には、メーカーごとに CPU が異なり、OS もそれぞれ違うものを使用していることが多く、

文字コードやアプリケーションの互換性もありませんでした。

　しかし計算機の実装技術は、大規模な集積回路が主体となり、それを支える半導体は量産すればするほどコストが下がるという性質があります。ソフトウエアは大規模化し、皆で同じ CPU で同じ OS を使うことでコストを加速的に下げることが可能なのがわかりました。その結果、皆が同じ OS と CPU を使う傾向が強まり、Intel と Windows を使用する割合は飛躍的に高まり、Wintel という造語まで生まれています。

　二つ目は、コンピュータの利用者すなわち管理者が専門家ではなくなり、一般人の場合や無人運転である場合が多くなってきていることです。1台の計算機が高価だった時代では、計算機に専任の管理者がつくのが当たり前でした。ところが今や PC は個人で買える時代になり、一人で何台もの PC を使えるようになりました。家電製品や車のような商品にも多数の CPU が内蔵されるのは当たり前で、それぞれの CPU や OS を認識すらしなくても良い時代となってきました。

　三つ目は、インターネットが広く普及したことです。インターネットは、基本設計として性善説に基づいて組み立てられており、運営がオープンであるため情報の取り扱いに対する自由度が広く、ユーザ数や帯域も急速に拡大してきました。それゆえに、悪意のあるユーザも一般のネットに共通に接続でき、設計がオープンですから攻撃しやすい弱点も見つけやすく、いつでもどこからでも攻撃するのに便利な状況にあるといえます。

　PC やスマートフォンがインターネットに常に接続されるだけでなく、家電製品や車についても常時ネットワークに接続されている時代となりつつあります。こうした状況下では、それらに内蔵されている多数の CPU や OS がいつでもインターネットに接続されている状態になり、利用者にも攻撃者にもより一層便利な社会になっているといえます。

　これに対するセキュリティ対策については、お金に関する情報がネットワークに掲載されていない頃までは、攻撃者は愉快犯的であったり人の単純ミスであることが多く、それはネットワーク上のエチケット問題のレベ

ルで済まされていました。ところがネットで買い物をしたりネットバンキングが普及した昨今では、インターネット上にお金に関係する情報が掲載されるようになり、経済的動機による犯罪が増えています。リアル空間での犯罪と同じく、インターネット上でも悪質な犯罪が起こっています。そのため、サイバーセキュリティに関する対策は、近年、防犯対策に類似している傾向があります。

　こうした時代背景をめぐって移り変わりつつある犯罪や攻撃の手口の情報については、まず情報を収集し、比較的多い犯罪の手口についてはしっかりとした対策を講じ、それらの対策を社会に浸透させていかなければなりません。そのためには、セキュリティ事故に関する情報集積や犯罪手口についてのプロによる分析が必要になり、そこで集められたインテリジェンスの情報や対策を各組織が早い段階で積極的に取り入れることが重要になってきます。完全な防犯対策を行うことは非常に高価であるように、サイバーセキュリティ対策を本格的に検討しようとするとコストが非常に高くなり、たいていビジネスとしてはコストが見合わないことが多いので、数多くの対策について適正なコスト配分を検討することも、経営的課題の一つです。

　本章では、基本的なセキュリティ概念の説明を行った上でセキュリティ技術について幾つか紹介し、その後、最近のサイバーセキュリティ問題にも触れていきたいと思います。

2．セキュリティの ABC

(1)……セキュリティ問題にはどんなものがある？

　セキュリティ問題を分類すると、主なものとして前述のように、現象面では「盗聴」「改竄」「なりすまし」の三つが挙げられます。なかでも最もやっかいなものは「なりすまし」にあたるものです。

　Amazon や Apple など多くの人がユーザ登録しているサービスから、ある日突然に、「お客様のアカウントに異常があるので、至急確認してください」などと、不正なサイトへのリンクが埋め込まれたメールを受けた経験のある方も多いのではないでしょうか。これは、フィッシングといって本当は問題がないのに問題があるように見せかけ、偽りのメールを流すことで正規のサイトの管理者になりすまし、不正なサイトへ誘導していきます。デジタルコピーを行うことは簡単なので、正規のサイトとそっくりなログイン画面が出てくると、ユーザはそれに疑念を抱くことなくユーザ名とパスワードを打ちこみそうになってしまうのです。あるいは、すでに入力してしまった方もいるかもしれません。

　このような誘導にひっかかって不正なサイトにユーザ名およびパスワードを入力してしまうと、攻撃者があなたのユーザ名とパスワードを知ってしまうので、正規のサイトに対して今度はあなたになりすまして、あなたの権限を行使することが可能になってしまいます。こうした行為も正規のサイトから見ると、攻撃者の行為かあなたの行為かの判断がつかないため、攻撃者の行為もあなたの行為とみなされ、その結果についての責任を「あなた」が求められてしまいます。一度ひっかかると、非常に厄介な罠にはめられてしまうことになるのです。

　IT の関係しない通常のアナログの世界においても、詐欺などの犯罪は存在しますが、なりすましによる行為は、基本的には IT 空間における詐

欺として位置付けられることがしばしばあります。IT 空間の特徴として、遠隔地や他国から攻撃を行うことが可能なので、国内の詐欺とはちがって、国際的なスケールでの大きな犯罪やテロに利用される可能性も否定できません。

　こうした「なりすまし」の行為を防ぐためには、強度の高い認証を行うことしか手立てがないのもまた事実です。ユーザ名やパスワードといった本人の記憶に頼る認証は、パスワードなどの認証情報を盗まれると、本人確認であるはずの認証を破られてしまうため、より強度な認証を行うしかないのです。

　「盗聴」は、頻度としては起こる可能性の高いセキュリティ問題です。これについては、情報漏洩に繋がることが多いのでそれ自体は良くありませんが、情報が壊されたり改竄されるのと違い、また、なりすましで連鎖的な不正アクセスに繋がる場合に比べると、比較的軽傷で済んでしまうので、ややもすると軽く考えられてしまう恐れがあります。ところが、「盗聴」は攻撃者がある特定のターゲットを狙ったもので、ターゲットの日常行動を把握する手段になったり、より厳しい攻撃を仕掛ける踏み台となる場合が少なくありません。

　たとえば、企業の購買部門と経理部門の間の日常業務が漏洩していたとします。攻撃者は、購買部門の誰と経理部門の誰がどのような信頼関係にあり、日常の仕事についてどのように進めているかなど、その雰囲気を把握することができます。すると、絶妙なタイミングに絶妙な文面のメールを紛れ込ませることが可能になり、「M&A があったので、振込口座をXXX に変更してください」と攻撃することもできてしまいます。つまり、オレオレ詐欺がなかなかなくならないのと同じように、漏洩は企業に対しての標的型攻撃の土台の情報として使われてしまう場合があります。一度ターゲットとして狙われたら回避するのが難しく、こうした標的型攻撃を受けないためには、ターゲットに選ばれないように日頃から情報漏洩を防ぐことが必要になります。

(2)……情報は高価なもの？

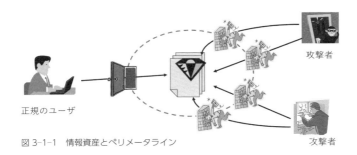

図 3-1-1　情報資産とペリメータライン

　セキュリティの問題を考えるときの基礎的な概念の一つに、図 3-1-1 の点線に示すような「情報資産とペリメータライン」があります。中央にある守るべきものを情報資産として、それを線で囲い、それに傷害を加えようとする攻撃者のアクセス経路を実線で示し、そこに障壁を設けます。ペリメータラインとは、その情報資産を守る防衛線のことで、ここでは情報資産をぐるっと壁で囲むイメージを持ってください。本来、この壁に穴や隙間が全くなければ、情報資産を覗かれたり変更されたりすることはありません。そして、外部から情報資産に到達するアクセス経路が物理的に全くなければ、セキュリティ強度は高くなり、問題は発生しません。

　しかし、インターネットの時代ですので、便利なサイバー空間にすればするほど、そこへのアクセス経路は増えていきます。つまり言いかえれば、エアコンの穴や光ファイバーの穴が増えるように、IT 技術が発展すると壁に穴を次々と開けていくことになります。その穴を通るのに、正規のユーザはアクセスを許可し、不正なユーザにはアクセスさせないように個々に対応し制御しなければなりません。

　別の言い方をすると、家に住んでいてセキュリティを確保するには、家のすべての窓に鍵があるように、守るべき情報（たとえば家の中のお財布）を閉じた障壁（たとえば家の外壁、上記のペリメータライン）で取り囲み、そこを通過する全てのアクセス経路（たとえば出入口や窓）に、必ず鍵をかける

ことになります。出入口や窓の鍵にもいろいろなものがありますが、玄関に高価な鍵を付けても、1か所でも窓の鍵が壊れたままでは万全とはいえません。

　ITシステムはモノではないので実態が目に見えず、バランスを欠いたセキュリティ設計になってしまうことが多く、しかも欠陥に気づき難いのが特徴です。極端に言えば、玄関には高い強度のダブルロックをつけながらも、お勝手口には鍵がないどころか戸もなく開けっ放しであったという状態がそのまま放置されていることもままあります。こうしたことに注意してセキュリティ管理をしなければならないのです。

(3)……IT技術の進歩は止まらない

　IT技術の急速な発展にともない、サイバーセキュリティの状況も加速的に変化し、次から次へと新たな問題が生まれつつあります。そのため、完全な対応策を見つけるのは至難の業で、新技術により遠隔地から計算機をアクセスしたりコントロールする経路および方法が日進月歩の勢いで開発されています。そうした状況は利用者ばかりか、攻撃側にとっても便利な状態をつくり出していることになります。この状況は、実態として新たに便利な経路や方法がつくり出されると、それに対するセキュリティ障壁が後から加えられるという手順になっていることから、なかなか完全な防衛には至りません。

　さきほどの例で、たとえ全ての窓に鍵を取り付けたところで新技術が開発されると、それによって家そのものが増築され、いつの間にか窓が増えているようなものです。ペリメータライン上にある一つ一つの窓について、それぞれのセキュリティ問題は各々にIT技術で対処されていくため、セキュリティ対策は定番化していき、たいていの場合には効果の相場が生まれてくるものです。

　ところがその一方で、更新や技術の進歩により、窓に匹敵する項目数が

増えていくため、未対策な項目が常に増えてしまうのがたいていです。ちょっと気を休めて更新を怠っていると、未対策なものが激増してしまうこともしばしばあります。こうしたことからも、セキュリティ対策を更新しないことが、自ずから危険に晒す状態を引き起こしてしまっている面があるのです。

(4)…… 何もしないことは悪いこと？

　プログラムと呼ばれるソフトウエアを実行することで、計算機は成り立っています。このプログラムを実行し、プログラムに外部から入力を与える仕組みに設計的な弱点があるため、普通にプログラムを書いているとセキュリティ上の穴が作られやすいのです。何らかの失敗をすると穴になるのではなくて、プログラムの自然な書き方のありがちなパターンが、穴の原因なのです。シニアなプログラマならそうした事情について良く理解をしていて、後述のスタックに外部からの入力を置かないとか、入力情報を検査してからアプリケーションに渡すなどの対策を行い問題を防ぐことができますが、そのようなエンジニアばかりではないため、現実には穴を完全に防ぐことは難しいのです。

　したがって、穴は発見されていないだけで、プログラムは通常穴だらけになりやすいものと考えた方が良いです。そのため穴は発見したら修正を施さなければなりません。すなわち、既存の穴を埋めるために、修正ソフトウエアによって更新し、穴をなくす必要があるのです。

　一方で、ITベンダーはどんどん新機能を追加していきます。これについて経済的な合理性の観点から考えると、同じ穴を塞ぐのであれば、新しいバージョンのもので対策を講じる方が有益であるということになります。そのため、通常穴を塞ぐためにソフトウエアを更新すると、新しい機能が増えていきます。既存コードの穴をふさぐための更新が増築部分を含むことも多く、自動的に増築を受け入れていくしかないのです。これはよくあ

る現象ですが、更新の更新が繰り返されていきやすいのです。

(5)……**大事なものがなくても守る世界**

　ネットワークに接続されている全ての計算機は、たとえそこに守るべき情報が存在しなくても、攻撃者に乗っ取られないよう防御しなければなりません。悪意ある攻撃者は、自分の存在を隠すために、他を攻撃するための踏み台を求めています。そこに価値ある情報がなくとも、攻撃者は身を隠すために多くの複雑な経路と踏み台を必要不可欠なものとするので、その分の計算機ノードが必要なのです。狙ったサーバを飽和させる攻撃を仕かけるためには、より多くの数の計算機が必要とされるのです。

　もし、あなたの計算機が乗っ取られて他を攻撃する踏み台になった場合には、その計算機の持ち主が容疑者にされてしまいます。仮に守る情報がない場合にもそうしたケースは起こり得ることなので、ネットワーク接続して電源の入っている PC から意識が離れる前に、PC の電源を切るかネットワークから切り離しておくことが重要です。

(6)……**セキュリティは完全ではない？**

0x00000000～0x3FFFFFFF 1GB分： コードセグメント	機械語プログラムが配置される。 実行可能。
0x40000000～0x7FFFFFFF 1GB分： データセグメント	グローバル変数やヒープ領域が配置される。
0x00000000～0x3FFFFFFF 1GB分： 未利用	特殊用途のみの利用。
0xC0000000～0xFFFFFFFF 1GB分： スタックセグメント	スタック上にローカル変数が配置される。

図 3-1-2　IA32 の仮想メモリ

　ここでは、IA32 というインテル社の 32bit アーキテクチャを例にしな

がら説明していきたいと思います。図3-1-2のように、PCの仮想メモリ空間は32bitあり、メモリ総量は1プログラムあたり合計4GBの仮想メモリ空間となっています。そこでは、1GBずつ4つに区分されて管理運営が行われています。

　最初の1GBはコードセグメントと呼ばれ、実際に実行されるCPUの理解できる機械語バイナリコードが配置されます。具体的には実行可能なプログラムであるSetup.exeなどです。

　次の1GBは、データセグメントと呼ばれ、プログラム中で長く保存されるデータが置かれます。プログラミング的には、いったん宣言するとずっと消えないグローバル変数や、いったん確保したらプログラムの指示で消すまでは存在しているヒープといわれるメモリの大きな塊などが配置されています。

　3番目の1GBは使われず、4番目の1GBはスタックが配置されます。

　PCで通常使われるCPUの設計には、スタックといわれる固有の情報構造が存在します。情報を順番に次々に入れていくと、そこには制限なく入れることができます。情報を取り出すときには、最後に入れたものを最初に取り出せる仕組みになっています。このスタックには、プログラムのローカル変数を配置していきます。

　ソフトウエアには、同じことを何度も書くということが頻繁に起こります。そのような場合には、プログラムの共通部分を別の部品として括り出します。その括り出したものを、プログラムの世界では関数とかメソッドと呼びます。部品である同じ関数を複数のプログラムで使っても、それぞれの使われる場所を覚えておく仕掛けが用意されています。その仕掛けを実現するために、スタック上に決められた順序で情報を配置していきます。

　図3-1-3に、プログラムの例と実行順序、説明が描かれています。

　この中で、add1は関数と呼ばれます。add1は⑦と⑬の2回のタイミングで実行される共通機能です。関数呼び出しの引継ぎ処理のためには、呼び出し元の一つ先の⑬や⑲の位置をスタックに入れます。関数add1を終

```
int add1(int a) {        ⑧⑭関数add1は引数を一つとり、変数aとなる
  int b;                 ⑨⑮  ローカル変数bを用いる。
  b = a + 1;             ⑩⑯  変数aの値に1を加えた値を変数bに入れる。
  return b;              ⑪⑰  変数bの値を呼び出し元に持ち帰る。
}                        ⑫⑱関数add1の終了。

int z;                   ①グローバル変数zを用いる。
lnt u;                   ②グローバル変数uを用いる。

main () {                ③main () {
  int x, y;              ④  ローカル変数xとyを用いる。
  x = 5;                 ⑤  変数xに値5を入れる。
  y = 7;                 ⑥  変数yに値7を入れる。
  z = add1(x);           ⑦  変数xを持って関数add1を呼び、結果を変数zへ。
  u = add1(y)            ⑬  変数yを持って関数add1を呼び、結果を変数uへ。
}                        ⑲メインの終了
```

図 3-1-3　関数呼び出しの例

了する⑫⑱のタイミングで、関数戻りの処理を行い、スタックから戻り位
置を取り出し、呼び出し元に飛び処理を続けます。

　また、処理中のローカル変数 a, b, x, y も④⑧⑨⑭⑮のタイミングでス
タックに置きます。グローバル変数 z, u はデータセグメントに置かれ、
プログラムを機械語に変換したものは、コードセグメントに置かれます。

　大きいプログラムになると、「関数を呼び出し、その関数の中で別の関
数を呼び出し」が多数回繰り返されることが多くなります。そのスタック
のなかを見ると、関数の戻り先とローカル変数が、交互に並ぶような構造
になっています。スタックセグメントは、スタック構造を作り出すのに使
われます。関数呼び出しを行う場合、呼び出し元のプログラムの場所をス
タックに格納します。そして、呼び出し元から呼び出し先に何か値を受け
渡すには、スタックに必要な数だけ積み上げていき、その後、関数呼び出
し先にプログラムの制御を移します。呼び出し先の処理が終わったら、呼
び出し元に戻ります。戻るために、スタックから呼び出し元のプログラム
の位置をリカバーしていきます。

　プログラムへの入力が外部から行われる場合は、図3-1-4のようにプ
ログラムが想定するサイズよりも入力サイズが大きく、受け取るためのメ
モリが予定よりも多く使われることがあります。

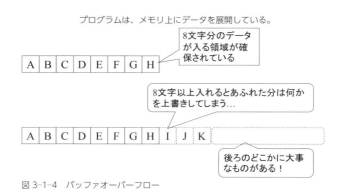

図 3-1-4　バッファオーバーフロー

　容量の大きな入力は、入力データを受け取った時点でメモリに書かれてしまい、準備されていたメモリ領域の先の何かを上書きしてしまいます。このメモリのなかに確保される領域をバッファと呼び、バッファより大きな入力を受け取ってしまった場合に起こる、溢れた部分をオーバーフローと呼びます。このオーバーフローが起こると、後ろの何かを壊してしまいます。

　壊された後ろの場所には、上記のプログラムの呼び出し元の位置を覚える大事な情報が含まれていることがあります。もし攻撃者が意図してプログラムの想定よりも巨大な入力を加えると、バッファのオーバーフロー現象を引き起こしてしまいます。これをバッファオーバーフロー攻撃と呼びます。セキュリティの脆弱性を突いた問題としては、こうしたパターンが多く見受けられます。

3．さまざまなセキュリティ対策

　セキュリティには、セキュリティに関する構造を理解するためのIT技術はもちろん、情報資産を守るためにペリメータライン上にある家の全ての外壁に鍵をかけるためのいろいろな技術が必要です。その上で、効率よくセキュリティを確保するため、守る範囲を小さくする技術が求められています。そのために使うのがセキュリティ技術です。ここでは、認証技術、暗号技術、PKI、ICカード、データセンター、国際規格、オープンとクローズなどを紹介していきます。

(1)……身の回りの認証術

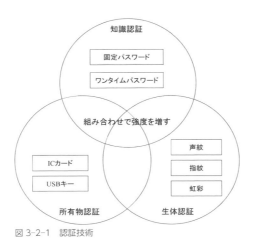

図 3-2-1　認証技術

図 3-2-1 は認証技術の分類を示しています。ここでの認証技術は、知識認証、所有物認証、生体認証に分けられます。知識認証は、パスワードに代表されるように、人の認証によって判別するシステムなのでそこでは人間の記憶を使うことになります。知識認証のメリットは、システムにあまりコストがかからないことであり、デメリットは人間の記憶を用いているので人に負担をかけることになるという点です。

　最近では、多くのお店でポイントカードをもらってお財布がいっぱいになるように、多くのネットサイトで認証のためのパスワードが発行され、ポイントカード以上に多くのパスワードを覚えなければならないという時代になっています。

　ところが、このパスワードは基本的にパターンの数が少なく、計算機を攻撃されると十分な耐久性があるとはいえない脆弱さを持っているのが難点といえます。人の習性を考慮すると、同じパスワードの使いまわし、パスワードを定期的に変更しても決まったパターンの繰り返しになるということで、これは理論上のパスワードを強化し強度を考える以上に実態は弱いものと捉えられています。

　ここで、パスワードの強度に関する理論値について紹介していきたいと思います。6 桁のパスワードの強度を計算してみると、各文字が数字のみの場合は 100 万通りで、アルファベットを交えると 3 億通り、英数字に記号も加えると 7350 億通りほどになります。文字数だけでなく大文字や小文字それに数字と記号の 4 種類を混合するパスワードを作れば、ある程度の強度なものになりますが、逆に長いパスワードでも辞書に出ているような言葉を用いると、辞書に出ている単語を基に変形を作りながら攻撃する辞書攻撃に遭う場合があり、辞書は数万から数十万語の小さな組み合わせ数しかないので、実質的に弱いことになります。

　現代では、電子辞書を使用すること自体は当たり前なので、攻撃者が電子辞書の単語を投入することは、実際にあり得る状態となっています。銀行のネットバンキングがワンタイムパスワードに移行しているように、パ

スワード単独では、重要な情報を守るためには頼りにくいものであるために、2段階認証や所有物認証との組み合わせによって、より強化していく方向に移行していくものと思われます。

　ここで具体的な例を見てみましょう。

　2019年7月に起きた7payの不正アクセス問題で2段階認証は有名になりました。2段階認証は、所有物認証を強化したものであるといえます。ここではパスワードだけでなく、別の手段を用いた認証コードをシステムから送り、短い時間で入力させる認証方法です。通常は、スマートフォンのSMSに認証コードを送るなどの方法が取られており、これは携帯の電話番号や契約によって本人確認がなされていることを確認し、アクセスしているのは本人であることをより確実なものにする効果を持っています。ただし、この場合には、携帯契約の本人確認が済まされているということを前提に意味を持ち得る方法であり、このように2段階認証は他のシステムに依存することがしばしばあります。国や携帯契約のルールが徹底されているかどうか、そこに頼ることになるので、2段階認証で十分なのかどうかは、利用国や利用範囲、そこでの携帯の契約文化や本人確認の程度などで、その都度判断しなければならないでしょう。

　パスワードそのものにも、システム実装における工夫で効果が上げられています。パスワードは計算機の速度で攻撃されると短時間で破られてしまうとても脆弱なものなので、1回のパスワードを入力する時間を、人が行う以上に長くするような対策が必要です。たとえばパスワードを誤って入力する回数を1日において数回以内に制限することや、人がアクセスしていることを確認するために、簡単な操作やゲーム的な対応を組み合わせることなどです。

　一方で、システム設計者が注意しなければならないのは、この対策は1人のユーザ単位で見ると改善されていますが、攻撃側の工夫のなかには、10000人など多数のユーザを束にして一つのパスワードで連続攻撃するものもあります。元来、確率的に弱いパスワードは、プロの攻撃者が行う本

格的な攻撃に対抗できるレベルではない、ということを理解していることが重要です。

　所有物認証は、ユーザが所有する物を使った認証方式を表します。磁気のカードやICカード、USBトークンなどがそれにあたります。ユーザはパスワードを覚えなくてもよいので、人間の負担が少ない上、人間の記憶に頼ったものではないので強度の高い長い鍵を使うことができ、それによって強度を上げることができます。所有物認証の特徴を挙げれば、磁気カードではコストがあまりかからない分だけ、書き込み機も安く出回っているので偽造が比較的起こりやすいといえます。また、ICカードは本来はコストは高いけれども、交通系のICカードなどの需要で生産量が激増したおかげでコストが現実的に妥当なものとなってきました。USBトークンはPC系では有力なものといえますが、USBの規格の進歩によってコネクタの形状が変わり、踊り場を迎えているのが実情といえます。

　このように所有物による認証は、認証デバイスであるICカードの発行などの際に本人の情報をICカードに書き込むステップが必要で、その作業を確実に安全に行う必要があります。もしホワイトカードの原版や書き込み機が入手しやすく、誰でも任意の情報が書き込める状況になると、偽造が簡単になり、ICカードが磁気カードと変わらない安全性しか保有していないものとなってしまいかねません。そうした状況を回避するために、ICカードははじめから発行ステップを自由に操作できないよう発行業務上の縛りを設計した上で運用する必要があります。実際に、ICカードのベンダーは発行を行う仕掛けに注意しています。ICカードシステムを構築するためには人の設計や業務設計に人のコストがかかるため、数量の少ないものではICカードはまだまだコストが高いといえます。

　ICカードへの攻撃は難しいですが、それでもコストをかけると偽造される可能性は否定できません。具体的には、ICチップをリバースエンジニアリングしたり、通信や電波を傍受して解析の手がかりにするなどの攻撃が予想されます。ICチップ自体が物である以上、盗難や置忘れなどの

リスクも避けられないのが実情です。

　生体認証は、人の特徴を認証に用いる方法を表します。人の特徴を判別機能に用いることで安全性を守ろうということなので、ここでは自分自身が鍵となります。判別には人の特徴を検知する専用センサーが用いられ、手法としては、指紋を使う指紋認証、瞳の虹彩を使う虹彩認証、手のひら全体を使う掌紋認証、顔の特徴で判別する顔認証などがあります。いずれの方法においても、最も難しい点は、人が生き物であるために様相や状態が変化しうるので、本人を本人でないと誤って認識する「本人拒否率」と、他人を本人と見なしてしまう「他人受け入れ率」がトレードオフの関係にあり、精度の良いセンサーはなかなか得られないという問題です。

　近年、AI の処理によって識別の精度を上げることが出来るようになっているものの、こうした問題を完全に防ぐことは難しく、なかでも生体認証のうちカメラをセンサーに使える顔認証が利用されやすくなっていると思われます。

　そして生体認証では、どの手法についても共通の欠点が存在します。判別の鍵となるのは本人そのものなので、鍵自体が外部に露出しているので守りにくく、万一鍵が盗まれてしまった場合には、その後の変更が不可能になってしまうという点です。つまり鍵は本人そのものなので、生活上隠しきることは出来なく鍵を普段から落としていることと同じ状態にあるといえます。

　たとえば、スマートフォン本体には本人の指紋がたくさん残っていますので、スマートフォンの指紋認証は強いセキュリティのためというよりも、パスワードより便利という程度の意味合いと見た方が良いわけです。もし鍵情報が漏洩して鍵を変更しなければならない事態が生じても、生体情報が本人なので鍵を変えることはできません。こうしたことから、この生体認証はとても重要な一部のシステム以外には使いづらい性質のものであるといえます。

　以上のように、三つの認証方式はそれぞれ単独では利点も欠点も有して

いるので、現実的には複数を組み合わせて使うのが良いとされています。たとえば、ICカード＋パスワード、手のひら静脈＋ICカード＋パスワードなどです。データセンターの入り口などでは、掌紋センサーも使われています。

(2)……暗号で読み解くセキュリティ

図 3-2-2　鍵とアルゴリズム

　図3-2-2は、暗号の基本を示しています。左側にあるメッセージを平文と呼び、鍵情報を用いて暗号のアルゴリズムを使った処理をすると、右側の暗号文が得られます。平文と暗号アルゴリズムが同じでも、鍵が違うと暗号文は異なります。もちろん、鍵と暗号アルゴリズムが同じでも、平文が違えば異なる暗号文になります。

図 3-2-3　共通鍵暗号

　図3-2-3は共通鍵暗号の流れを示しています。平文を秘密の鍵と暗号アルゴリズムで暗号化すると、中央の暗号文が得られ、暗号文を同じ秘密

の鍵と同じ暗号アルゴリズムにかけると復号化することができます。ここでは、暗号化の鍵と復号する時の鍵が同じなので、共通鍵暗号と呼ばれています。共通鍵暗号は基本的な暗号であるため、多くの用途に使われています。

図 3-2-4　公開鍵暗号

　図3-2-4は公開鍵暗号の流れを示しています。暗号化の鍵と復号する鍵が異なっていて、この例では公開鍵で暗号化し、秘密鍵で復号しています。公開鍵暗号では、一人に2つの鍵をペアで生成します。鍵のペアは巨大な素数2つで成り立っており、特殊な関係にある素数を見つけ出して、公開鍵暗号として利用されています。すなわち、同じ公開鍵の暗号アルゴリズムにしたがって2つの鍵を順番に作用させると、元に戻るという性質を持っていることを利用するのです。しかも2つの鍵のうち片方を公開し、秘密鍵の方は、公開鍵から類推も計算で求めることもできない性質を持っています。

　別の言い方をすると、上記の二つの性質を基に2つの鍵を順に作用させると元に戻り、片方からもう一方を計算・類推不可能なさまざまな数学的難問の中で、数学者が攻撃しても今まで破られていないものが、暗号として用いられています。つまり、世界中の数学者が攻撃できないような暗号アルゴリズムは公開されているもので、鍵だけが秘密だから解けないというものが良いとされているのです。

　共通鍵暗号の特徴としては、128bitなど鍵の長さが公開鍵暗号よりも短く、計算速度が速いことが挙げられます。その一方で、通信の送信側と受

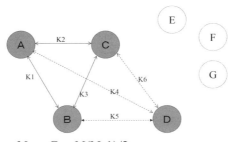

$$N = {}_NC_2 = N(N-1)/2$$

図 3-2-5　通信の組み合わせ

信側が同じ鍵を持つ必要があるのです。多数の登場人物の中で、たまたま通信を行う 2 名が秘密で通信を行うことが可能になるには、2 名の間で鍵を共通に持つ代わりに、他の人との通信に同じ鍵を使わないよう、送信者と受信者の組み合わせの数だけ鍵を変えなければなりません。つまり、図 3-2-5 のように、${}_NC_2$ は人数が増えることで 2 乗で組合わせが増えていきます。インターネットのような登場人物が激増する世界では、鍵の総数が急速的に増え、鍵の管理が難しくなる傾向があるので、共通鍵暗号は、インターネット向きであるとは言えないのが通常です。

　公開鍵暗号では、一人にペアの鍵を配置するけれども、登場人物全員にそれぞれ 1 ペアあればよいと考えます。したがって、鍵の管理は加速的に難しくなることはほとんどありません。ただし公開鍵暗号の鍵は、1024bit や 2048bit などと長くて計算量が膨大です。そのため、動画や音楽のようなコンテンツを丸ごと暗号化するには、公開鍵暗号を用いるのは現実的ではありません。現実的には、公開鍵暗号で共通鍵を共有するといった、ハイブリッド暗号が良く使われています。

　また、電力の制限も存在します。現在は、携帯電話や IC カードのように持ち歩く際の重さが重要になり、電池の容量が制限されるものが増えています。そのような機器では、高性能な CPU をフルに稼働させるわけにはいかないので、計算量の少ない暗号のアルゴリズムも用いられています。

すなわち、用途によって暗号の強度を選んでいるのが実情です。

(3)……なりすましが怖い

　先述したように、公開鍵暗号はインターネットのように世界中の多数のユーザが利用する開かれたネットワークでの暗号方式として有利な方式です。しかし、それでもまだ弱点が残ります。公開鍵暗号では、ユーザの公開鍵を誰でも公開することができるので、その意味では、公開されている公開鍵がリアルワールドで相手の本物の公開鍵なのかどうかを確認することが難しいという問題があります。すなわち、偽者が偽物の公開鍵をばら撒いた場合には、それを信じた相手方は、偽物の公開鍵に対応した秘密鍵を本物と勘違いする可能性が生じ、そうした事態を防御できないのです。つまり、なりすましに強くないということです。

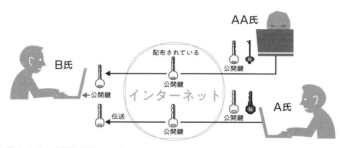

図 3-2-6　公開鍵のなりすまし

　図 3-2-6 に示すように、A 氏の公開鍵と偽者の AA 氏の公開鍵は B 氏には区別がつきません。A 氏の秘密鍵が盗まれていなくとも、B 氏が AA 氏の公開鍵を信じてしまったら、AA 氏の秘密鍵は別物なので、偽物の AA 氏を本物と勘違いしたままに暗号通信や認証を行ってしまう可能性があります。

　そこで、本人と公開鍵の結びつきを確認する第三者を置き、第三者の電

子署名によって保証しようというのが、公開鍵基盤PKIです。その様子を図3-2-7に示しています。PKI基盤があって、はじめて公開鍵が誰のものか確認でき、インターネット上で安心してビジネスが出来るようになります。

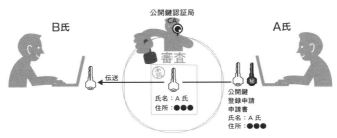

図3-2-7　公開鍵認証局による電子署名

(4)……暗号の寿命

　コンピュータの性能は、年々向上しています。ムーアの法則のようなものが開発目標となり、開発企業が努力して達成しています。その法則では、CPUの性能は年率2倍で向上するというもので、2倍を10回かけると1024倍なので、10年後には約1000倍の性能の計算機が出現すると予想されてます。20年後には約100万倍、30年後には約10億倍となります。

　暗号の強度は、鍵の種類を全てトライすることで破ることができるので、コンピュータの性能に従って破る時間は短くなり、暗号の強度は時間の経過とともに相対的に弱くなります。すなわち、人の寿命に比べて、暗号の寿命はそう長くありません。極端ですが、墓場まで持っていくような秘密は、暗号で守り切れるかどうかというと、分かりません。

　安全性を求めている期間によって、暗号の鍵の長さや暗号アルゴリズムの種類を選ぶ必要があります。また、何世代にもわたるほどの絶対的な安全性を求めるような用途では、暗号だけでは十分とは言えないと考えます。

第3章　セキュリティ　101

絶対的な安全性を求める場合には、たとえ暗号化したとしてもそれをネットワークに載せていいのかどうかは、メリットとデメリットを冷静に見極めて判断する必要があります。

(5)……暗号実装が破られる

　セキュリティ問題を考える場合に、暗号エンジンの実装を誰が行っているかが重要なこともあります。暗号を用いるには、通常は Windows などの OS が標準搭載する暗号ライブラリに依存しています。多くの暗号実装は、OS 付属のものを世界中で使っています。一方で、特にセキュリティの強度を重視する場合には、暗号エンジンの実装を特定のものに限定して使用する用途があり得ます。価値の高い映画のデジタルコンテンツを配信するときや、警察や軍などの重要な機密情報を扱う場合には、暗号実装が何であるかを限定しようとすることがあります。そのような場合には、OS の暗号機能を使わずにアプリケーションが暗号エンジンを内部に所有しているような作りになっていことが多いのです。

　近年はネットバンキングや有料ゲーム、映画のネット視聴など、さまざまなサービスが行われていますが、そこでは種類の異なるセキュリティレベルでの実装でたくさんの暗号エンジンがバラバラに存在しています。国益に関わるアプリケーションの場合には、暗号エンジンが自国製であることにこだわることがあります。暗号アルゴリズムが堅固でも、プログラムの実装で暗号鍵や途中結果がメモリに判明しやすいかたちで置かれていると、デバッガなどで覗かれてしまい、破りやすい状況の暗号実装である恐れが残ってしまいます。つまり、暗号が安全でも実装のプログラムの書き方における安全性は、また別のノウハウが必要だということです。

　暗号は、世界中の数学者が攻撃しても破られていないことを根拠に、暗号として扱われています。ところが現実には優秀な数学者が実は破っているけれど、政治的にそれを黙ったまま使わせているのではないか、という

懸念まで抱く人もいるでしょう。

　暗号エンジンのアルゴリズム、鍵長、そして実装の組み合わせにおいて、国内版と輸出可能版を分けて使用することは一般に行われています。その実態は知る人ぞ知る世界とされ、あまり公開されていません。こうした状況から確実に国益を守る立場の組織は、アルゴリズムや実装の国産化にこだわることがあっても不思議ではないといえます。

(6)…… データセンターの懐は温かい

　コンピュータのセキュリティを突き詰めて考えていくと、物理的セキュリティを確保するためには、ハードウエアで暗号鍵を守る世界があります。HSM すなわちハードウエア・セキュリティ・モジュールと言いますが、PC の内部を特殊な樹脂で充填し、ハードウエアを分解しようとするとハードウエアを破壊するようにできている製品があります。

　鍵を守る製品は、鍵を外に出さないため、鍵を使った暗号演算もその機器の内部で行うことから「鍵＋演算」を閉じ込める装置です。公開鍵認証局を構成する際に、認証局の秘密鍵を HSM に入れるのは、今では常識になっています。高度な認証局の場合には、核兵器でも破られない部屋にHSM を設置して保管しているということを誇りとしている企業もあります。

　HSM の亜流の一つに、「鍵＋演算＋アプリケーション」すなわち PC そのものを丸ごと閉じ込めたものが存在します。アプリケーションプログラムの処理方法が極秘である場合、プログラムを守る必要があるためにそのような製品が存在するのです。一方で HSM は分解できないため、修理することはできません。IT 機器でもあるので、世代交代が激しく製品の販売期間はそう長くはありません。そのために、HSM は単体として高価であるだけでなく、それを使うシステムは修理不可能であり、そのための保守用に数多くの予備機をはじめに用意する必要があります。すなわち、物

理的なセキュリティには意外に高額な費用がかかることになります。

　一般に、ある程度以上の重要なサーバ類は、データセンターに置かれることがほとんどで、世のコンピュータの約半数以上がサーバを使い機能しているので、それらの多くはデータセンターに位置づけられています。その理由としては物理的なセキュリティのためもありますが、それよりもむしろ電源の安定性を確保することが重視されています。通常のデータセンターは、イメージとしてはコンピュータ専用のマンションのようなものです。通常のビルは、年に1回程度の点検をするための停電日がありますが、データセンターは無停止にしなければならないために、電源系統を徹底的に二重化し、点検時にどの区間を停止しても、コンピュータの電源は切れないようになっています。

　さらに本格的なデータセンターでは、電源を電力会社の複数経路から引き込むなどの工夫や、バックアップ用に非常用発電機を用意するだけでなく、起動して発電が安定するまでの時間分の蓄電池や、それらを自動的に切り替えるスイッチなども用意しています。したがって、たとえ停電しても3日間ほどは発電し続けられるための燃料が備えられているのです。

　データセンターのビルには多数のサーバがあり、データセンター1棟で火力発電所の大型ガスタービン発電機1基かそれ以上の電力が必要なので、非常用発電機にもガスタービンなどの高性能発電機を用意しなければなりません。また、蓄電池についても相当な大容量のものが要求されます。したがって、物理的にも大きな設備になります。緊急時に確実に発電機が起動することを保証しなければならないので、定期的に起動訓練を行います。

　どんなに建物に投資しても建物の周囲の環境は変えられないので、地震が起きたときのことを勘案して、データセンターは地盤の強い場所、特高送電線のある場所、通信容量の確保できる光ファイバーの投資が集中している場所を選んで建設されます。東京でいうと湾岸エリア、都心から離れたとしても国道16号線沿いの特高送電線のリングの内側などです。以前

データセンターを 10 か所ほど見学したことがありますが、古いもののなかには海の近くで標高の低い場所にあるものもありますが、新しいデータセンターについては、ほとんどのケースが津波のことを考慮して場所を選んでいます。

物理的セキュリティに関しては、データセンターによってさまざまに異なっています。多数のシステムが多く混在するデータセンターは、システム管理者が留まることなく出入りしているようなところもあり、一方でほとんど人の出入りがないところもあります。このようにシステムの用途や運用方針に合わせて、データセンターのタイプを選ぶ必要があるのです。

(7)……オープンとクローズ

IT セキュリティの世界では、設計をオープンにし、ソースが公開されている状態においても安全性を確保できる方法で AI システムを作るというのが基本的な流れです。ソースを他人が見ることのできないクローズなシステムやブラックボックスは、基本的に敬遠されます。そのために暗号技術は多く用いられるようになり、暗号技術や暗号プロトコルには、オープンな世界で攻撃されても耐えることが可能なものだけが使われるようになっています。

セキュリティを確保するためには、AI システムの設計の良し悪しや、実装の良し悪しが重要で、それゆえにプロのブランドのある製品が重要になりやすいのです。ところがプロが信用するブランドは、必ずしも宣伝上の有名ブランドとは限らないので、プロのアドバイスや視点を参考にすると良いと思われます。

(8)……AI はまだまだ賢くなれる

AI 時代では、多くのセンサーやカメラが使用されるようになりました。

そのセキュリティ対策には多額のコストと困難さが予想されます。いかなるものであれ、接続されればそこでのデータ量は激増する一方で、全ての安全性を守りきるのは困難な状況にあります。データ量が多ければ、暗号化することすら追いつかなくなる可能性が出てきているのが現実です。

　AI 処理はブラックボックスではないものの、その複雑さのためにセキュリティ上の確認が難しくなる可能性があります。さらに、AI エンジンそのものがデータから学習することで振る舞いが決まる性質を有している以上、攻撃者が意図して不正なデータを大量に与える形で攻撃を加えた場合には、AI エンジンを騙すことが出来てしまう可能性は否定できません。こうしたことから、AI システムの学習をオンにするかどうかという AI の視点だけでなく、セキュリティ的な観点も考慮し、用途によって慎重に AI システムを設計しなければならないときが来るものと思われます。

　しかし、AI システムをリードするデータサイエンティストは、IT セキュリティのエンジニアではないので、AI の関係したセキュリティ問題を扱うことは、よりいっそう難しくなるものと予想されます。現在はまだ AI は発展途上の段階にあるので、セキュリティ問題よりも AI に慣れて役立てるということが優先されやすい状況にありますが、人間の生命に関わる場面や重要インフラをコントロールするなどの生活環境の重要な部分で使用される AI については、セキュリティも同時に考えていかなければならないでしょう。

４．われわれは狙われている

　最近では、人間のクラッカー（不心得者）やハッカー（高レベル技術者）よりも、人工知能を利用したサイバー攻撃が増えています。この章では、車のセキュリティ問題、自動運転車のセキュリティ問題、脳・マシン・インターフェース BMI デバイスのセキュリティ問題、政府のサイバーリスク評点の問題点を取り上げて見ていきます。

　具体的に、ブラックボックスのソフトウエアは潜在的にリスクが残りやすく[1]、車にも https や ssh のような暗号プロトコルを搭載すべきであることを強調していきます[2]。また、なりすまし攻撃を意識した車については、為すべきことを取りあげて、その防御の方策について考えてみたいと思います[3]。そして車のセキュリティ問題を幅広くまとめた課題論文のうち、その一部を本書では扱っていきます[4]。さらに、脳へのインターフェースデバイスにもセキュリティが重要なことを示し[5]、こうしたサイバーリスクスコアについてはどのように考えればよいか、その問題点について考えていきます[6]。（詳細は脚注をご覧ください。）

　近年では、サイバー空間も軍事攻撃やテロの手段として使われるようになりました。犯罪についても警察レベルの犯罪を超えた兵器レベルの高度な攻撃ソフトウエアが開発され、それが外部に流出するなどの問題も生じています。こうしたサイバー問題に対しては、通常行われているセキュリティ対策では全く歯が立たない事態が起こり得るのです。

1　http://science.sciencemag.org/content/352/6293/1573/tab-e-letters
2　http://science.sciencemag.org/content/358/6369/1375/tab-e-letters
3　http://science.sciencemag.org/content/358/6369/1370/tab-e-letters
4　Y. Takefuji, Connected Vehicle Security Vulnerabilities, *IEEE Technology and Society Magazine*, 2018, pp.15-18
5　http://science.sciencemag.org/content/356/6345/1338/tab-e-letters
6　http://science.sciencemag.org/content/359/6378/847/tab-e-letters

(1)…… わたしの車が乗っ取られる？

　車のセキュリティ問題の論文は、専門誌に掲載されるまでに紆余曲折がありました。車は基幹産業なので、セキュリティ問題の議論はオープンな場でやりにくい傾向にあるのか、最初は自動車についての未解決なセキュリティ問題を集めた論文を書いて投稿したのですが、なかなか良い返事をしてくれるジャーナルエディタがいませんでした。多くのエディタは同じような返事を返してきます。「提案されているセキュリティ問題には非常に関心があるが、論文中に解決策が全く示されていないので、投稿された論文を査読にかけられません」と門前払いされました。

　しかし、そもそも未解決なセキュリティ問題はとても重要な課題で、多くの研究者の研究目的になるばかりか、問題提起の論文は解決策を現実の世界で考える契機を与えることになり、研究において大変重要だと思うのです。そこで、"Can We Survive an Internet Blackout?" という問題提起の論文を以前掲載してくれた雑誌 IEEE Technology and Society Magazine の存在を思い出し、さっそくそこへ論文再投稿を試みました。IEEE 誌は米国電気通信学会の専門誌で、計算機の世界でも有力なジャーナルや雑誌がたくさんあります。この IEEE 誌は、社会問題・技術問題を取りあげる珍しい雑誌で、そうした幅広い視点から問題を捉えているためか、エディタから「次の号に掲載したい」という返事がきました。

　ここでの論文は、2018 年 3 月 18 日午後 10 時の日米のニュースでも大きく取り上げられました。セキュリティの大手企業であるトレンドマイクロ社が、日本とアメリカのサイトのニュースで解説をしていました。以下によると、トレンドマイクロの創業者チャン（Steve Chang）と社長チェン（Eva Chen）が共鳴してくれたようです。

　https://www.trendmicro.com/jp/iot-security/special/20165

　https://www.trendmicro.com/us/iot-security/special/312

　そのニュースとは、「米国アリゾナ州テンピで自動車配車サービス Uber の自動運転走行の実証試験中に、歩行者が跳ねられ死亡する事故が初めて

発生した」という出来事です。運転席側に設置されたカメラから、自転車を引いて歩く女性が問題の車両の前に突然現れたことを映し出します。当時のテンピ警察署長は「明らかにどのような走行モードであっても、この事故を回避するのは難しかった」と発言しています。2014年以来、自動運転車による50件以上の事故報告を同局の下記Webサイトで公開しています。

https://www.dmv.ca.gov/portal/dmv/detail/vr/autonomous/autonomousveh_ol316+

こうしたことは自動運転車だけでなく、皆さんが運転する普通の自動車でも起こり得ることで、セキュリティの観点からするとあまり良い設計とはいえないのが実情です。そもそも自動車が突然コンピュータ化されたのが、米国では1996年、EUでは2001年からです。米国内で販売するすべての自動車は、OBD-II（On Board Diagnostics）仕様の遵守を「突然」義務付けしました。

現在の自動車は完全にコンピュータ化されていて、CAN〔Controller Area Network〕上で、デバイス同士がお互いに通信できるようになっています。CANとは、自動車内の通信の規格技術（仕組み）のことです。ドイツのBosch社は、このCAN技術に関する特許を有しているので、世界中のCAN互換マイクロプロセッサの製造元はBosch社にライセンス料を支払っています。また、CANプロトコルに関しても、CANプロトコルライセンス料をBosch社に支払う必要があるのです。

問題は、ライセンス料の話ではなく、CANやOBD-IIは、本質的にセキュリティ機能をまったくサポートしていないことです。標準のCANの実装には暗号化もなく、これらのCANネットワークは中間者攻撃に対してオープンであり、セキュリティ対策を講じないとさまざまな種類の攻撃が発生する可能性があります。CANの技術では、自動車がインターネットやクラウドに接続されることを全く想定していなかったようです。

さらにもっと深刻な問題は、OBD-IIの規格にはすべての情報公開がな

されていないブラックボックスがあるために、自動車メーカーは、ブラックボックスの部分を完全にチェックできない状態で製品を市場に出荷しています。ブラックボックスとは、決められた入力に対しての出力情報のみが公開されているだけで、想定外の入力をブラックボックスに与えた場合には何が起こるかについてほとんど説明がなされていないのです。

　インターネットが流布した当初は、telnet ／ ftp と呼ばれる暗号化しない通信アプリがありました。ところが現在ではそのようなインターネット通信アプリ（ssh ／ sftp）は、すべて暗号化されています。現在の自動車は、インターネットの初期に相当するセキュリティのない状態で設計構築されているために、悪意のある第三者に対して無防備であるといえます。次に、その問題点を端的に説明していきます。

(2)…… 自動運転は安全？

　2018 年 3 月 IEEE 誌に掲載された "Connected vehicle security vulnerabilities" の論文[4] には詳しい説明がなされています。先ほどのブラックボックスの問題は、オープンソースで解決できると思われます。商業用のクローズソースでは、中身が分からないので、何が起こるか予期できません。皆さんは、ブラックボックス（クローズソース）のメーカーは、問題点を完全に解決した後に製品化していると思っていませんか。クローズソースのメーカーは、完全なバグ取りが終わる前に、残念ながら製品を出荷しています。マイクロソフト社の Windows の update が良い例だと思います。走りながら考えるというのも通常の状態なら良いかもしれませんが、生命に関わってくるような重要な問題の場合には、もう一度見直しが必要です。マイクロソフトだけでなく、Apple 社やその他の企業の製品も同様です。

　ところがオープンソースになると、メーカーだけでなく、第三者がその製品を検証できるようになるので、問題点を解決できる可能性は広がります。自動運転車を乗っ取る攻撃として「vehicle sensor attack」と「vehicle access attacks」の２つがあります。vehicle sensor attack とは、自動運転車に搭載された重要なセンサを狙う攻撃のことです。標的となるセンサには、「全地球測位システム（Global Positioning System、GPS）」、衝突予防システムとして使用される「ミリ波レーダ」、レーザ光の反射時間を測定して走行空間を測る「LiDAR センサ」、車両検知に使用される「超音波センサ」があります。こうしたセンサは、「なりすましの妨害」に対して極めて脆弱です。また、カメラセンサもレーザーポインタのような単純なデバイスによって妨害される恐れがあります。このような各重要センサが狙われた場合、自動運転車を含むコネクテッドカーは攻撃者に制御され、衝突など安全に関わる事故が発生する恐れが生じてしまうのです。

　車がコネクテッドカーになっていなくとも、多くのカーステレオには USB 端子があり、スマートフォンの音楽アプリで音楽を聴くのは一般的になっています。カーステレオやカーナビは、最近の車では車載の車のコントローラの１アプリケーションになり、車の設定や自動ブレーキなどと同じプラットフォームに載っているかたちになっています。すなわち、スマートフォン経由で既に多くの車はコネクテッドカーの初期段階にあるともいえるのです。

　一方、vehicle access attacks については、従来の車両も自動運転車も狙われる可能性があります。この攻撃の具体的な手口では、キーレスエントリーシステムの脆弱性を悪用して、攻撃者が遠隔制御によって送信された信号を盗聴し、車両に不正アクセスするキーフォブシステムのクローン技術（key fob clone）などが考えられます[7]。また、自動車向け次世代情報提供サービスである「テレマティクスサービス」（通信や GPS 機能を備えた車載機を搭載することで、車両の運行状況を容易に取得収集し、配送業者がどこに配送車がいるかを把握管理できるようなサービス）を偽装する攻撃も考えられます。車両のネットワークに不正に接続することができれば、安全性に直接影響するシステムであるセーフティクリティカル・システムを侵害する恐れも出てくるのです。

7　F. D. Garcia et al., "Lock It and Still Lose It-On the (In) Security of Automotive Remote Keyless Entry Systems" ,Proc. USENIX, 2016
　https://www.usenix.org/system/files/conference/usenixsecurity16/sec16_paper_garcia.pdf

コネクテッドカーにおいて、各モジュールやシステムが連動して働く技術は、どんどん高まっているといえます。モジュールやシステムの連動が強まるということは、サイバー犯罪者の視点からみれば、攻撃のきっかけとなるポイントが、いっそう増えるということをも意味しているのです。

このような現状を考えると、コネクテッドカーに対するセキュリティ対策は、設計段階の時点で十分に考慮した上で実装されなけれなならないものといえます。最新の攻撃情報とその脅威への対処方法の知恵袋であるスレットインテリジェンスのサービスを活用したセキュリティ対策や、重要なモジュールのリスクアセスメントとシステムの保護、そして脅威を防いだり軽減したりするためのリアルタイムでの状態監視は、コネクテッドカーの安全性を確保する上で重要な役割を果たします。

現状の問題を解決するためのこうしたセキュリティの実装は、自動運転車の開発や実装に携わるすべての関係者、自動運転車の所有者だけでなく、最終的に歩行者も含めた安全な道路交通環境の実現に役立つと思います。

(3)……BMI デバイスが危ない

パラリンピックの義足のジャンパーが、健常者の記録を超えています。ドイツのマルクス・レーム選手が8m40cmという記録を作り、健常者であるリオオリンピックの走り幅跳び金メダリストのアメリカのジェフ・ヘンダーソンの記録8m38cmを上回っています。現在では、パラリンピックは、「科学技術（機械）と人体の融合」を争う闘いになってきています。つまりこの科学技術の動向が、「人工知能付きのマシンと人体の融合」に広がりつつあるのです。

BMIとは、brain-machine interfaces の略語で、脳と直接接続されるマシンインターフェイスのことです。脳に接続されるIT機器をBMIデバイスと呼びます。BMIは、Neuroprosthetics（ニューロプロテーゼ、神経機能代替）と強い関係性があります[8]。Neuroprostheticsとは、神経機能代替のこ

8 http://science.sciencemag.org/content/356/6345/1338/tab-e-letters

とで、BMIデバイスを使うことによって目の見えない人に視覚能力を取り戻したり、耳の聞こえない人に聴覚能力を取り戻したりすることができます。

ここでも最新の科学技術で、健常者を超える能力が達成されてきました。たとえばサーモカメラをBMIデバイスに接続すれば、温度分布を見ることができますし、赤外線カメラを使えば暗闇でも見ることができます。しかしながら、ネットワークで脳と直接接続されたConnected BMIデバイスの場合は、インターネットを経由するために、新たにセキュリティ問題が発生してきます。BMIデバイスがクラッカーやハッカーに乗っ取られたり、ハッキング攻撃を受ける可能性が出てくるのです。

科学技術の発達や発展は、我々の社会を豊かにし、さらに新産業を生み出していきますが、しかしながら、同時に社会問題も引き起こしているのです。光（科学技術の発達）がある世界には、必ず影（社会問題）が生じるのです。また、暗闇の中（社会問題）から別の光（科学技術の発達の種）を発見することもあります。

サイバーリスク評点を考える*

米国では、各省庁のセキュリティを強化していますが、最近大規模な情報漏洩がありました。それは、Alteryx社が所有する1億2300万所帯の個人情報が流出してしまう大規模情報漏洩でした。米国には、1億2600万所帯があります。漏洩したデータベースのカテゴリー数は248で、そこには住所、電話番号、住宅ローンの所有権、年齢、エスニシティ（言語や、社会的価値観、信仰、宗教、食習慣、慣習）、個人の趣向（犬が好きか、猫が好きか）などが書かれていました。氏名、マイナンバー（social security number）、クレジットカード情報、パスワードなどは含まれていなく、不幸

中の幸いでした。しかし、これにより各省庁がセキュリティ強化しても、出入り業者のセキュリティ強化がなされていない限り、まったく意味がないということが明確になりました。

　通常はサイバーセキュリティを強化するために、サイバーリスク評点の測定を行います。サイバーリスク評点は、U.S. Census Bureau（872）、Experian（728）、Alteryx（692）でした。点数が大きいほうがサイバーセキュリティの強度が強いことを示します。セキュリティでは、一番弱いところ（Alteryx社：692）が弱点となります。

　では、日本のセキュリティはどうなっているのでしょうか。米国では、専門家同士の有識者会議で一つの議題について喧々諤々喧嘩のような議論が闘われるのが当たり前です。日本の場合は官僚が作ったシナリオを粛々と進行していくので、専門家同士の意見の相違によるバトルは見かけません。米国では、会議で2回連続して全く意見を言わないと、その委員はその後会議に招かれなくなります。日本では、「沈黙は金」の会議運営のなかで、厳しい意見を述べる人は逆に排除されていきます。

　日本の会議のやり方では、官僚が優秀であれば問題ありませんが、優れていなければ間違った方向に国の方針を進めてしまうことになりかねません。米国のやり方は、官僚の優秀さは関係なく、プロの専門家同士（本当の有識者）の会議の結論で決まります。因みに中国では、すべてトップダウンかつ独断で事が進むように思われがちですが、全く逆で、専門家の意見を積極的に取り入れながら行政を進めていきます。超一流の専門家には、院士の称号が与えられ、中国政府からさまざまな権限・権力が与えられます。

＊ http://science.sciencemag.org/content/359/6378/847/tab-e-letters

インテルメッツォ

人工知能の自分史

　そもそも、AI に関わりはじめたのは、1983 年 8 月に就職で米国に移住し、終身雇用未獲得（non-tenure-track[1]）のかけだし教員としてフロリダ州タンパ市にある南フロリダ大学コンピュータサイエンス学科で働き始めたころからです。日本の大学で習ったことのない AI の授業を担当させられました。当時、指導教授であった相磯秀夫先生らがはじめた通産省大型プロジェクト「第五世代コンピュータ」が世界的に有名になり、それは AI コンピュータの実現を目指していました。そうしたことからも、アメリカでは日本人は既に AI 技術とその考え方を習得しているものと思われたように感じます。

　1983 年の AI 世界では、主流として「A*アルゴリズム[2]」（A star と発音します）や「Dijkistra アルゴリズム[3]」などのさまざまな発見的探索手法や Prolog 言語を使った演繹手法が用いられていました。初めて紐解いたニューラルネットワーク技術を使った問題は、1989 年に関わったグラフの平面埋め込み問題でした。

　ちょうどそのころ AI 世界にも慣れ、ケースウエスタンリザーブ大学で教えていたときで、「どうしたら有名な研究者になれるのか」について学内の著名な先生に直接伺いました。この大学にはノーベル賞レベルの研究者がたくさんいました。現在、ノーベル賞受賞者を 16 人出しています。そこで言われたことは、「（当時より世界トップクラスの科学誌として有名であった）Science 誌か Nature 誌に論文を出しなさい」ということでした。コンピュータサイエンス分野を専門としている私には、それらの雑誌はほとんど馴染みがありませんでした。

1　https://www.aaup.org/report/status-non-tenure-track-faculty
2　https://en.wikipedia.org/wiki/A*_search_algorithm
3　https://en.wikipedia.org/wiki/Dijkstra's_algorithm

それ以来、Science 誌に投稿しようと決断し同誌を注意深く読んでいる
と、そこにコンピュータサイエンス関連の論文が掲載されることはほとん
どありません。そこで考えたのが、次の戦略です。

　コンピュータサイエンスの分野にはノーベル賞はありませんが、それに
代わって、チューリング賞が存在します。つまり、ニューラルネットワー
クに向いている問題を見つけ、チューリング賞をもらった人たちの研究成
果と比較することを思いつきました。それが、グラフの平面埋め込み問題
であったのです。

　19 本の線しか平面に埋め込めなかった従来の手法に対して、ニューラ
ルネットワーク手法では 20 本の平面埋め込みに成功しました。これが世
界初のニューラルネットワーク技術を使ったアプリケーションとして
Science 誌（1989 年 9 月 15 日号）に掲載されました。平面埋め込み問題は、
PCB（Printed Circuit Board）の基板設計や、BIM（Building Information Modeling）
の 3D 設計が用いられています。そこでは、1 つの線に対して 2 個のニュ
ーロンを用意します。

　図 A–1 では、上のグラフが完成形で、10 個の点を交わることのないで
きるだけ多数の線で結んだ結果です。左図がニューロンのマトリックス出
力、中央図は次の段階へのニューロンの入力、右図は入力変化を示してい
ます。たとえば左のマトリックスの 1 点が黒だと、その座標を表す 2 点
が接続されています。たとえば、左図 (2,8) の黒は、グラフを見ると点 2
と点 8 の間は下の線でつながっています。またマトリックス (1, 10) は上
の線でつながっています。つまり、埋め込みたい線 1 本に 2 個のニュー
ロンを使っていくのです。このアイデアを考えたのは、寝ているときでし
た。詳しくは、下記論文を参照してください。

　http://neuro.sfc.keio.ac.jp/publications/pdf/science.pdf

　当時は、ニューラルネットワークのニューロン数を増やすと、従来のコ
ンピュータでは、時間がかかりすぎて多くの作業時間が必要でした。それ

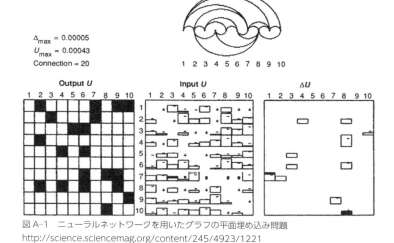

図 A-1　ニューラルネットワークを用いたグラフの平面埋め込み問題
http://science.sciencemag.org/content/245/4923/1221

ゆえに小規模のニューラルネットワークしか実行に移せませんでした。解きたい問題をいかに少ないニューロン数で表現するかで、解ける難易度が決まる時代でした。現在では、ニューロンの数を気にすることなく自由に取り組むことができるようになりました。

　次にチャレンジしたのは MRI などの画像診断で、オハイオ州クリーブランド市には、全米でも最大規模の医療機関「クリーブランドクリニック」があります。理事長の Floyd Loop 博士と奥様の Bernadine Patricia Healy 博士には、ずいぶんお世話になりました。Healy 博士は、女性で米国初代の NIH（National Institutes of Health）の所長に就任しており、日本政府の調査団が NIH 研究所を作りたいということで、NIH 訪問を打診したところ、断られたそうです。そこで、慶應大学藤沢キャンパスの教授から依頼を受け、当時オハイオ州立大学学部長であった Healy 博士に連絡をし、事情を説明した上で訪問団受け入れの了解をいただきました。米国社会では個人的な繋がりが重要になるのです。

ここでの AI 画像診断技術が Science 誌に掲載された効果も重なり、クリーブランドクリニックから共同研究の依頼が来ました。共同研究に取り組んだ結果、MRI 画像のクラスタリングに成功し、腫瘍部分を画像のなかで明確に識別できるようになりました。その成果は IEEE Trans. on Medical Imaging（vol 11, 2. 1992, pp.215–220）に掲載されています。

　実際の AI 製品を世に出したのは、トヨコム（東洋通信機）との共同研究で行った紙幣鑑別機（BV-6000）です。ちょうど EURO 紙幣が流通する 2002 年 1 月 1 日以前に大学研究室に流通前の EURO 紙幣が置かれていました。この紙幣鑑別機では、ニューラルネットワークを用いて偽札と本物紙幣との識別や紙幣の分類を行うのが主たる目的です。2002 年の時点で世界 10 カ国に 12000 台が導入されました。これを翌年の 2003 年に論文として発表しました。

　図 A-2 は BV6000 という紙幣鑑別機の外観です。図 A-3 は、システム構成の概要です。可視画像と赤外画像を使って認識エンジンにかけます。3 層のパーセプトロン（ニューラルネットワーク）が分類器で、RBF ネットワークを用いた検証部から構成されます。分類器の内部構成は図 A-4 で、

図 A-2　BV-6000：紙幣鑑別機

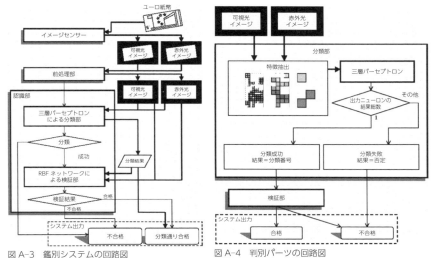

図 A-3　鑑別システムの回路図　　図 A-4　判別パーツの回路図
vol.44, No. SIGT (TOM 8), *IPSJ Transaction on Mathematical Modeling and Its Applications*, May 2003.
但し、英語部分は日本語に置き換えた

　画像の特徴出する前処理の後に 3 層のパーセプトロンにかけ、1 個のニューロンの出力だけが fire（発火、出力が yes の意味）すれば、判別成功となります。さらに、検証部でも判断を行い、分類器と検証部のどちらも OK であれば正しいとされます。どちらか NG であれば、判別不能なので OK とはされません。詳しくは以下を参照してください。

　http://neuro.sfc.keio.ac.jp/publications/pdf/banknote.pdf

　その後何年か経ち、EURO の新札なのに紙幣鑑別機がエラーを出してしまうというクレームが来ました。よく調べてみると、当初は EURO 紙幣の印刷は一括で品質管理されていましたが、数年前から EURO に所属する国ごとに印刷されるようになったようなのです。つまり、国によって品質管理が異なり一定でないため、ある国の EURO 紙幣は偽札として判別されてしまっていたようでした。その偽札に判別された紙幣を含めて再学習するように機械に指示することで問題は無事に解決しました。

慶應の大学研究室では、卒業生がいろいろな AI 技術を使って活躍しており、MIT や Stanford、CMU などの名だたる大学を撃破し、一流企業の Google や IBM などの有名な米国 AI ベンチャー企業を倒して、AI 最大級コンファレンス（Neural Information Processing Systems (NIPS) 2017）のコンペのクイズボール（Human-Computer Question Answering Competition, NIPS2015 から開催され、quiz bowl と呼ばれている。）で優勝した学生がいます。

クイズボールとは、早押しの物知りクイズです。歴代米国クイズ王の 6 人にも圧勝しました。最終結果は、6 人のクイズ王の 140 ポイントに対して、彼の AI システムは 365 ポイントです。

6 人のクイズ王 vsAI の最終戦
（AI の圧勝）

参加した学生のほとんどは、AI システムに対して 6 人のクイズ王が当然勝つと思っていたらしく、勝負が決まった瞬間に会場は驚きで静寂に包まれました。クイズボールの成果は、次の論文に詳しく記述してあります。

http://neuro.sfc.keio.ac.jp/publications/pdf/quiz.pdf

このように、AI 技術の進展とともに新しい技術が開発されるにつれて、これからの社会はどのように変わっていくのでしょうか。人工知能を専門とする私でも想像を超えています。現役教員のうちに超並列計算が可能な GPU マシン、すなわちスーパーコンピュータを個人で所有できるような時代が来るとは思っていませんでした。世界では、AI がチェスの世界チャンピオンを打ち負かし、将棋のプロ棋士に勝利をおさめ、囲碁のプロに勝利しています。

こうした人工知能の知恵や創作力は、実は乱数から来ています。AI は、過去の膨大なデータのなかから都合の良いものをつなぎ合わせたり、過去の膨大なデータと整合性のあるものを見つけられますが、あり得る多数の

候補のなかのある一つを選ぶのは、実は乱数による偶然性なのです。その乱数の応用如何に、新アルゴリズムや新方式の生まれる可能性を潜めているのです。今後も乱数をはじめ新しい可能性を見つけて挑戦していこうと思っています。

（武藤佳恭）

第4章

奇想天外な発想と
常識のウソ、ホント
Innovating AI

イノベーションのために、さまざまな領域に興味を持つことで、既存の考え方に新たな視点を加え刷新することができます。ある分野の専門家よりも素人の方が新しい発見に気づくこともあります。そこで、本章では思考の散歩道で副産物として経験してきた数々の話題について述べます。これらは表面的にはバラバラですが、どれもScience誌のeLetterに掲載された論文ですので、専門家の一定の評価を受けたものといえます。ハイレベルな思考を柔軟にすることで、新たな発見やアイデアを生み出すようにしています。原文は英語ですので、興味がある方はチャレンジしてみましょう。

1．あつい熱でものを冷やす…？

　通常、冷房には電気を使いますが、電気エネルギーでないと冷やせないというイメージが定着して常識になっていると思います。ところが、本当はそうではありません。

　今から100年ほど前の冷蔵庫は、ガスの熱で冷蔵庫内を冷やしていました。「熱で冷やす？」とは、どういうことなのでしょうか。今の電気冷蔵庫は、冷媒をコンプレッサーで圧縮します。冷却器で液体の冷媒が気体になると、気化熱で周囲から熱を奪います。気化した冷媒は、再びコンプレッサーで液体状になり、液体→気体→液体の状態を繰り返しながら冷蔵庫を冷却していきます。電気を使ってコンプレッサーを駆動させ、冷媒で冷却現象を起こしているのです。

　昔のガス冷蔵庫は、もっと複雑な原理と構造を使っていました。1919年、スウェーデン人学生のバルトザール・フォン・プラテンとカール・ミュンタースは、世界初の冷蔵庫を発明し、それまで熱を使って冷却効果を生み出すアイデアが最も優れた冷却方法であると確信し、冷却キャビネットの設計を完成させることに成功したのです。それは、コンプレッサーも稼働部分もなく、そして何より氷をまったく使用しない不思議な装置でした。その仕組みとは、ボイラーを加温することによりアンモニア水溶液をシステム内で循環させ、熱を吸収させることで冷却効果を生み出すというものです。

　原理としては、圧縮された時に冷媒は高温になるためその冷媒から放熱器で熱を放ち、圧力を下げて膨張させると熱を吸収していきます。これらの圧力変化により液体と気体を繰り返すことで、冷却器から放熱器に熱を

運んでいくという仕組みです。

　図4-1では、左下のガスヒーターがジェネレータ（発生器）にある冷媒にあたっているアンモニア水を加熱して気化させ、アンモニアガスを作り出します。そして、アンモニアガスをコンデンサを通しながら周囲の空気で冷却し、温度を下げることでアンモニア水にしていきます。アンモニア水を右側のエバポレータ（蒸発器）の広い空間に拡散放出すると、気化することで、周囲の熱を吸収するようになります。エバポレータは冷却器の効果を持ちます。使用されたアンモニアは、中央のアブソーバ（吸収器）に回り、ガスと液体に分けられ、液体アンモニアは最初の左側のジェネレータに還流していきます。そうすることで、余分なアンモニアガスやアンモニア水は、リザーバー（ため池）に貯められていきます。

　彼らの会社は、現在のドメティック社（Dometic）です。

　インドのファローディ（Phalodi）では、2016年の夏、気温が51度に達したそうです。このガス冷蔵庫の原理を使うと、ガスの燃焼の代わりに外気を用いることで室内を冷やすことが可能になるという論文を投稿しました[1]。冷やすことで、熱を生み出す装置は現在のところ存在しませんが、そうした仕組みを使うことも不可能ではないのです。

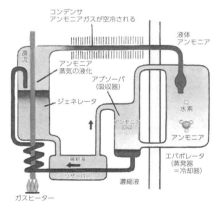

図4-1　ガス冷蔵庫
http://www.daviddarling.info/encyclopedia/A/AE_absorption_refrigeration.html
但し、英語部分は日本語に置き換えた

---

[1] http://science.sciencemag.org/content/359/6380/1084/tab-e-letters

2. 地球温暖化とエコシステム

　エネルギー問題はしばしば語られますが、世界では膨大な量のエネルギーが捨てられています。なかでももっとも大きなエネルギーは、太陽から地球に降り注ぐエネルギーです。Wikipedia によると、太陽エネルギーはなんと 174 PetaWatts（PW：ペタワット）で、その 30％のエネルギーが地球から反射し、70％は雲、海、陸に吸収されるそうです。1 PetaWatts（PW）とは 1 PW=10^{15} ワットであるので、大変大きい数字になります。

　つまり、我々が住んでいる地球全体の表面には 1 時間当たり、174×0.7/(365×24)=13.9 TeraWatts（テラワット）のエネルギーが太陽から降り注がれていることになります。このエネルギー量は、なんと 1 年分の世界エネルギー消費量（13.5 TeraWatts）に匹敵します。地球に降り注ぐ太陽エネルギーがどれくらい大きいか、その量にはびっくりしてしまいます。

　また、この地球表面への太陽エネルギー放射量は、1 平方メートルあたり、1367 Watts/m² なのです。皆さんが知っているように、太陽光の強さは常に一定ではないので、昼間の数時間だけで 1 平方メートルのソーラーパネルは 100 ワットの電力を生成することができます。もちろん、夜は全く発電をすることはできません。

　太陽光の放射スペクトラム分布を図 4-2 に示します。これは地球の大気圏の最上部をグレー、海面部を黒で示した、それぞれ直射日光の日射スペクトルです。太陽は 5778 K（5505°C）で、およそ太陽の表面温度の黒体から予想されるものと同様の分布で光を生成していきます。光が大気を通過すると、その一部は特定の吸収帯を持つ水蒸気や二酸化炭素ガスに吸収され、さらに青い色ほど散乱の影響を受けるのです。これらの曲線は、

太陽光発電業界で採用されている規格です。

商品によってさまざまですが、結晶系シリコン太陽電池の出力の温度係数は－0.45％／℃前後と知られているので、一般的にはソーラーパネルは、高温になるにつれ発電の性能が落ちていきます。つまりソーラーパネルの最高性能を達成するためには、できるだけ冷えたところで、パネルに直射日光を垂直にあてることが重要です。

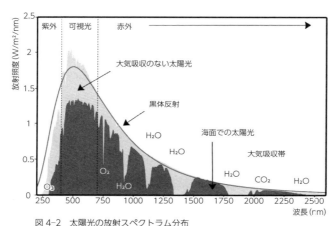

図 4-2　太陽光の放射スペクトラム分布
https://en.wikipedia.org/wiki/Sunlight#/media/File:Solar_spectrum_en.svg
但し、英語部分は日本語に置き換えた

地球温暖化は、1824 年にフーリエ（Joseph Fourier フーリエ級数などの数学者）が発見しました。熱伝導の研究を通して発見に至ったようです。その事実を基礎に科学計算を行ったのは、1960 年代のカレンダー（Guy Stewart Callendar）です。地球温暖化に関して、NASA の解説図が分かりやすそうなので、図 4-3 に示しました。

太陽光の入力は、中央上に示す 1 平方 m あたり 342W で、そのうち 77W が雲で反射され、67W は大気に吸収されます。地表で 30W 反射され、地表に吸収できる形で届くのは 168W です。地球から逃げていく熱は、右側にグレーで示され、地表から 390W が放射熱として出る他に中

央に示す蒸発熱で78W、上昇気流で24Wが存在します。それらは一旦温室効果ガスを通りますが、324Wは地表に逆放射で戻され、40Wは地球外に抜けていきます。大気と雲からは165Wと30Wが地球の外に放出され、合計235Wが出力されることになります。左上の入力の反射が107Wあるので、初めの入力の342Wと出力235W+107W=342Wとなり、釣り合いがとれていることがわかります。

　要するに、二酸化炭素や水蒸気などの温暖化ガスによって、本来大気圏

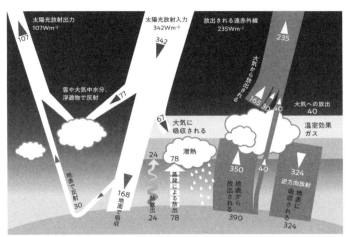

図4-3　温暖化現象
https://ceres.larc.nasa.gov/documents/pdfs/CERESbrochure.pdf を参考に作図した

を抜けていくはずの放射エネルギーが地球上に留まってしまうという現象が温暖化現象です。この温暖化現象を抑制するために、二酸化炭素を削減しようという作戦がパリ協定です。

　また温暖化現象と同時に議論されているのが地球の回復力（nature's resilience）です。温暖化モデルについてもさまざまな研究者が提案していますが、何が正しいのかについては実際のところ誰もわかっていないようです。研究機関が研究している温暖化のシナリオは多数存在し、それらの

サマリを示したのが Wikipedia にまとめられています。

図 4-4 に示してみました。それによれば、要するに温暖化という言葉で一言で括られているものの具体的に詰めていくと 80 年後に 2 度気温が上昇するのか、それとも 5 度上昇するのかなど諸説あるようです。すなわち、そこで明確なのは、地球では温暖化が確実に進んでいるということだけなのです。

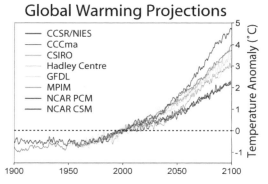

The model data used above was taken from the IPCC-DDC,
and the models are as follows:
 CCSR/NIES: Center for Climate System Research & National
            Institute for Environmental Studies
 CCCma: Canadian Center for Climate Modelling and Analysis
 CSIRO: Commonwealth Scientific and Industrial Research Organisation
 Hadley Centre: Hadley Centre for Climate Prediction and Research
 GFDL: Geophysical Fluid Dynamics Laboratory
 MPIM: Max Planck Institute für Meteorologie
 NCAR PCM: National Center for Atmospheric Research , PCM model
 NCAR CSM: National Center for Atmospheric Research, CSM Model

図 4-4　温暖化モデルによる予測の違い
　　　　https://commons.wikimedia.org/wiki/File:Global_Warming_Predictions.png

地球温暖化問題、どうなるのだろう？

"Climate Science Special Report" というレポート[1]が米国政府から最近公開されました。トランプ大統領は米国を地球温暖化パリ協定から離脱させ、人類の経済活動と地球温暖化は無関係と言っています。しかしながら、そのトランプ政権から公開された政府レポートには、経済活動（地球温暖化ガス）と地球温暖化には密接な関連があり、対処が早ければ早いほど、地球温暖化のスピードを抑制できる可能性があることが示唆されていました。いったいどうなのでしょうか。

最近では、科学的な政策をとるために、"人類への自然からの貢献を評価する" という題目の論文[2]などが発表されています。その論文は、どういう政策を取れば、人類が最大の恩恵を自然から受けられるかという内容でした。ところがその論文では、自然というものを狭義に解釈をしていて、地球のみをモデルとしています。実際には、自然の恵みは地球からだけでなく、地球の外界からの貢献も大きいと考えられます。とくに外界からの最大の貢献は、太陽であると思います[3]。

研究者には、このように面倒くさい問題を簡素化して示す傾向が見受けられますが、あまり単純化しすぎてしまうと問題へのアプローチが間違ってしまう恐れが否めません。

同様に、Science 誌に "自然回復力のルーツ" という題の論文[4]が発表されました。そこでは、単純な ecosystem モデルを使って議論が展開されていました。確かに現在でも、複雑な ecosystem モデルは存在していません。しかし、単純なモデルのみでは研究成果の結論が懐疑的なものになる可能性があることを論文にまとめました[5]。

1. https://science2017.globalchange.gov/downloads/CSSR2017_PRINT_Executive_Summary.pdf
2. http://science.sciencemag.org/content/359/6373/270
3. http://science.sciencemag.org/content/359/6373/270/tab-e-letters
4. http://science.sciencemag.org/content/359/6379/970
5. http://science.sciencemag.org/content/359/6379/970/tab-e-letters

３．歩いて発電？　マグマで発電？　　貧乏ゆすりで発電？　頬っぺたで発電？

　発電システムの開発は、2004年度よりJR東日本コンサルタンツ（株）と基礎研究を開始し、2005年度のJR東京駅丸の内改札実験を経て、2007年6月から2009年3月まで、新エネルギー・産業技術総合開発機構（NEDO）との共同開発「エネルギー使用合理化技術戦略的開発」事業として取り組みました。床発電システムの大きな特徴は、人の歩行によって電気が生まれる「参加型」発電システムであることです。

　もう一つは、CO2を発生させずに今まで活用されていなかった微小なエネルギーから電力が得られるため環境にやさしい点です。とくに鉄道分野では通勤や通学などによって、歩行者の数が比較的多い駅の特性を活かすことができるのです。

　発電は、力を加える応力と変形しながら電気を発生させる性質のある圧電素子を使って行います。図4-5に示すように、元々浮遊電荷を持つ圧電素子は、通常プラスとマイナスが釣り合っている状態は外からは目に見えませんが、応力を加えると、浮遊電荷がアンバランスになり、外からでも分かるかたちで微弱な電気が発生します。圧電素子は、100円ライターの着火部分にも用いられている機能です。カチッとライター着火操作部を押すと、ハンマーが圧電素子に勢いよくぶつかり、電気エネルギーが発生する仕組みになっています。

　図4-6は、JR東京駅での実証実験の例です。発電床を人通りの多い改札口の床に装備し、発電を狙ったものです。実際には通行する人があまりにも多く、圧電素子の保護方法が非常に困難でした。保護を強くすると発

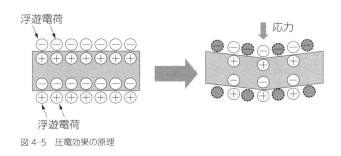

図 4-5 圧電効果の原理

実証試験1　　　　　実証試験2　　　　　実証試験3
（2006年度）　　　　（2007年度）　　　　（2008年度）

図 4-6　床発電システム東京駅実証試験風景
https://www.jstage.jst.go.jp/article/ieiej/31/6/31_424/_pdf

電しにくくなり、発電を強めようと露出気味にすると、圧電素子がボロボロになったり破壊されてしまいます。実証実験を繰り返し、床材の下に発電床装置を入れても問題ない方法が開発されました。

その後、ヴィッセル神戸の運営会社（(株)クリムゾンフットボールクラブ）の「サポーターの応援時のジャンプで発電させたい」という要望を発端として、神戸のプロジェクトが立ち上がりました。図4-7に示すように、客席の床に発電床を設置し、発電量の記録をとってみると、サポーターの興奮に比例して発電が大きくなるのがわかります。それによってその試合のどこで興奮したのか、試合のエキサイトメント（興奮度）を測定することもできます。

図4-8に示すように、2010年の上海万博では、日本館に床発電システムが展示されました。見学者が床を踏むことで発電し、観客の参加が光る

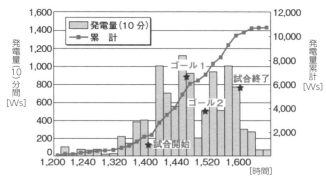

図 4-7　発電量（2010年3月7日 ヴィッセル神戸 VS 京都サンガ F.C.）
武藤佳恭・山本浩之「床発電から温度差発電」、『電子情報通信学会論文誌』2013/12 vol1. J96-B、1318頁。

図 4-8　上海万博の床発電システム
https://www.jstage.jst.go.jp/article/ieiej/31/6/31_424/_pdf

LEDで確認できるので大人気でした。

　次にどうしても圧電素子の発電量は小さいので、もっと発電量の大きな技術はないかと研究を始めました。それが温度差発電です。異種の金属または半導体を接合した時の熱電効果で、温度差があると電力が発生することをゼーベック効果と呼び、電流を流して温度差ができることをペルチェ効果と呼びます。それらを電子パーツとしたもので、発電向きのゼーベック素子で電圧をかけて温度差を狙ったものがペルチェ素子です。ゼーベッ

ク素子もペルチェ素子も、半導体熱電デバイスです。どちらの素子も、電線が2本出ています。Amazonで検索すると300円から400円ほどで、1枚のペルチェ素子を購入できます。

　ここでの温度差発電は発電用ですが、ペルチェ素子で十分です。ペルチェ素子の両面に温度差を与えると、直流の電気（電圧）が発生します。逆に直流電圧を加えると、片面が温かくなり、もう一方の面は冷たくなります。携帯タイプの小型冷蔵庫では、ペルチェ素子が使われています。高級な車のドライブシートでは、シートに触れる部分から体を冷やしたり、温めたりすることができます。

　この熱電デバイスを使って、熱海温泉（日航亭）で実験してみました（図4-9）。2つの容器にそれぞれ熱を伝えやすい構造のヒートパイプを用い、それぞれにお湯と水など温度差のある液体を入れ、中央のゼーベック素子で発電します。1枚のゼーベック素子（4cm×4cm）で5Wの発電に成功しました。100Wを実現するには、20枚のゼーベック素子が必要です。

　ヒートパイプは、密閉された容器（パイプ）内にウィックと呼ばれる多孔質材などを内張りし、液体を封入したものです。動力不要で熱量輸送のできる伝熱装置です。金属を熱が伝わっていくよりも、液体が加熱部で蒸発して流動し、冷却部で液体に戻り、ウイックの毛細管現象で加熱部へと還流することで、総合的に熱を素早く移動させることが出来るように設計されています。コンピュータのCPUやGPUなどの発熱を冷却するためのクーラーにも良く使われます。

　実は、最初に作った熱電デバイス発電装置をYouTubeに投降しました（2007年12月16日）。25万人ほどのアクセスがあり、合計6万円の小切手がGoogleから送られてきました。手の温もりや温かいおにぎりでも発電します。図4-10に示すように、発電した電気エネルギーでプロペラを駆動します。これは、CPUクーラーを逆さまにしたもののCPU部分にペルチェ素子を張り付け、モータに繋ぎ、モータの回転が判るようにプロペラを付けています。CPUクーラーは室温になっていて、ペルチェ素子に温

度差のある暖かいものを与えると発電します。ペルチェ素子の部分に与える熱源により、さまざまな変形があり得ます。

　2011年東日本大震災で、乾電池が日本から消えました。そこで乾電池の代わりをする装置を作りました。東日本大震災の時も、ローソクなら簡単に手に入ります。図4-11に、ローソクの熱で発電する装置を示します。

　バイクのマフラーの排熱を利用して、熱電発電装置を作りました（図4-12）。アルミの加工が難しかったので、加賀市の飯田で製作してもらいました。

　図4-10で手の温もり発電を紹介しましたが、手の代わりに熱いおにぎりを使ったおにぎり発電などいろいろなTV番組で紹介してもらいました。この装置を改良して、頬っぺた熱電発電の装置を作りました。ペルチェ素子に与える温度差は、人の頬っぺたでも良いということです。NHK Rの法則、NHKサイエンスZERO、NHK地球アゴラなどで紹介してもらいました。番組を代表するような女優さんまで実験に参加され、放送されています。図4-13に、焚き火・熱電発電を紹介します。この装置は、電気のない途上国に使えると思います。

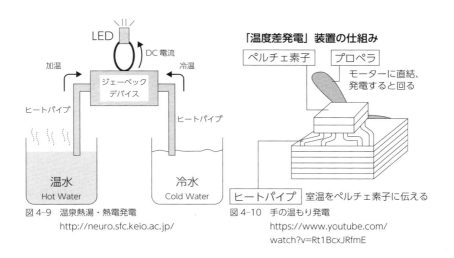

図4-9　温泉熱湯・熱電発電
http://neuro.sfc.keio.ac.jp/

図4-10　手の温もり発電
https://www.youtube.com/watch?v=Rt1BcxJRfmE

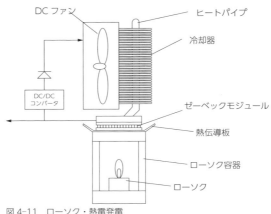

図 4-11　ローソク・熱電発電

図 4-12　バイクマフラー排熱・熱電発電

　日本に向いている発電は、何と言ってもマグマ発電です。マグマの温度は 1000 度近くあり、安定して熱エネルギーを我々に供給してくれます。最近では、1000 度以上に耐えられるステンレスなどの鉄材があるので、簡単に熱エネルギーを発電装置に伝えることができます。現在の火力発電所や原子力発電所では、熱エネルギーで水を水蒸気に変え、その体積膨張エネルギーでタービンを回転させ発電します。マグマ発電では、石炭・石

第 4 章 奇想天外な発想と常識のウソ、ホント　139

図 4-13　焚き火・熱電発電

図 4-14　マグマ熱に適した取り出し口

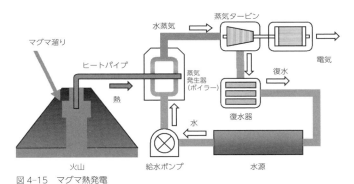
図 4-15　マグマ熱発電
武藤佳恭・山本浩之「エネルギー・ハーベスティング技術の動向と未来」
『電気設備学会誌』2019 年 10 月

　油を燃やすことなく、また原子力の崩壊熱を利用することなく、マグマだまりから熱だけをもらって、火力発電所と同様の原理で「水→水蒸気」の体積膨張でタービンを回転させ発電できるのです。新燃岳のマグマだまりのエネルギーは、原子力発電所の 2 基分に相当します。マグマに近い日本はエネルギー大国なのに、日本のリソースを活かせないのは大変残念なことです。マグマ熱エネルギーを電気に変換することは、世界の再生可能エネルギーの手本にもなります。
　図 4-14 は、ハワイ島のマグマが露出している穴で、マグマにアプロー

チしやすいこのような地形が、マグマ発電には適していると思います。図4-15に、マグマ発電の構想図を示します。マグマからヒートパイプで熱を水蒸気ボイラーに運び、水を水蒸気に変えて、蒸気タービンで発電します。水は再利用して循環します。火力や原子力の熱源を置き換えたもので、マグマの1000度前後は、火力の高効率蒸気タービンでの1500度や、原子炉の2000度程度などに比べれば低いので、熱効率は最高ではないかもしれませんが、元々捨てられているエネルギーを使えるので、使っただけ儲けになるはずです。巨大津波や巨大地震に耐える発電所が作れる技術があるのに、もったいなく感じます。

　世界のあらゆるところに、捨てられているエネルギーがあります。それらを見つけ出して電気に変えると、その新しい手法は再生エネルギーの主役になるかもしれないのです。

4．代替金融の未来

　米国デラウエア州の上院議員クーンズ（Christopher Coons）は、トランプ政権による科学研究費削減への抗議論文 "Scientists can't be silent"（科学者は黙っていられない）を Science 誌に掲載しました[2]。その論文内容は、「1940 年以前は米国のノーベル賞数は 13 であったが、第二次世界大戦後 180 もの数のノーベル賞に達した。これも豊富な科学研究費と優秀な移民を受け入れた結果の賜物である。アインシュタインが、当時行動したように、科学者であるなら行動せよ（すなわち抗議せよ）」というものです。

　上院議員は、トランプ政権が科学研究費の 17％削減と科学担当大臣の席が埋まっていないことへの不満を論文に記述しています。上院議員の主張も理屈としては理解できますが、現代 21 世紀ではその議論は間違っていると思いました。昔と違って、研究費も現代では政府からの予算だけに頼っている時ではありません。その理由として政府の役割は変わってきている上に、最近では、代替金融（alternative finance）が登場し[3]、そうしたものを有効に活用するアイディアも生まれています。

　代替金融とは、伝統的な金融や資本市場の外から生まれた「金融チャネル」、「プロセス」、「商品（方式）」のことを指します。具体的には、たとえば報酬ベースのクラウドファンディング、株式クラウドファンディング、ピアツーピアの消費者および企業向け融資、請求書取引第三者決済プラットフォームなどです。代替金融商品（方式）は、仮想通貨の Bitcoin、中小企業向けミニボンド、ソーシャルインパクトボンド、コミュニティシェア、プライベートプレースメントおよび他のシャドーバンキングなどです。

　ソーシャルインパクトボンドとは、社会的インパクト投資の仕組の一

2　http://science.sciencemag.org/content/357/6350/431.full
3　残念なことに、alternative finance に関する Wikipedia の日本語版がありません。ちなみに、『世界大百科事典』の"電子マネー"の解説は、武藤が書きました。

つで、行政や民間事業者及び資金提供者等が連携して、社会問題の解決を目指す成果志向の取りくみのことです。シャドーバンキングとは「影の銀行」という意味で、銀行ではなく、証券会社やヘッジファンド、その他の金融会社が行う金融仲介業務を指します。

　以下は、Science 誌に投稿した eLetter の一部です[4]。日本での面白い代替金融の例を紹介しました。それは、クレディセゾンの林野宏社長が発案した永久不滅ポイントです。今溜まっている永久不滅ポイントは、900億円ほどです。永久不滅ポイントにエントリーされた研究に寄付してもらうと、その寄付されたポイントは研究費として活用することができます。たとえばノーベル賞の山中さんは、永久不滅ポイントから 1400 万円ほど寄付してもらったそうです。永久不滅ポイントは、地方再生にも使えるので、ぜひチャレンジしてください。日本にはさまざまなポイントカードがありますが、それらを束ねて活かせば、日本を代表する代替金融になると思います。

4　http://science.sciencemag.org/content/357/6350/431/tab-e-letters

5．2種類の音

　音響工学の専門家は、現在の音響工学が正しいと信じていると思いますが、その全てが必ずしも正しいとはいえないのです。まだ解明されない現象が残っているようで、現代の音響工学では、「すべての音は、距離が2倍になると 6dB 減衰する」と説明されています。身近に、2種類の音（普通音と応力音）が存在することで、すぐにこの事実は理解することができます。

　たとえば、アブラゼミの鳴き声と鈴虫の鳴き声の違いが理解できますか？アブラゼミが鳴いていれば、木の何処にいるか居場所がすぐにわかりますが、鈴虫では、原っぱの何処にいるかわかりません。わたしたちの脳は、普通音の習性で距離が2倍になると 6dB 減衰を理解しているようです。鈴虫の場合にはアブラゼミと比べて、音の減衰が小さいので、6dB 減衰に基づいた人間の予想が外れるために、居場所の特定ができないということが起こるのです。アブラゼミの音は普通音ですが、鈴虫の音は、羽を擦り合わせて出力されている応力による放射音です。応力のかかった音源から放射される音は放射音と呼ばれ、距離が離れても減衰が穏やかになるのです。ヘリコプターの騒音も応力による放射音であり、このような音の減衰特性は距離が2倍になると 3dB 減衰です[5]。bladder grasshopper というバッタの音は、夜であれば 1.5km から 2km の距離でも到達するようです[6]。

　バイオリンなどの楽器を見ると、バイオリンの中に魂柱（サウンドポストとも呼ばれる）があり、応力を楽器に与えています。逆にその材料から応力

5　Ludwik Liszka, Infrasound: A summary of 35 years of infrasound research, *IRF Scientific Report 291*, Jan. 2008

6　Heiner Boomer, Masking by Noise in Acoustic Insects: Problems and Solutions Vol 2, *Animal Signals and Communication*, pp 33-63, Dec 2013

を抜いてしまうと、応力による放射音は発生しなくなります。ストラディバリウスのバイオリンを見てもわかる通り、昔から楽器職人は、応力による音の出し方を知っていたのでしょう。

　人間が聞こえないインフラサウンド（超低周波）では、5×10^{-8} dB per km と極めて小さな減衰です[7]。つまり周波数によって、音の減衰は変化していくのです。最近は、新燃岳や桜島の火山爆発により空振（くうしん）が発生します。空振は、身近なインフラサウンドです。火口から数十キロ離れていても、空振の波が到達するようです。

　この応力による音を利用して、スピーカを作りました。2011 年からソウルメトロの地下鉄 2 号線の車両に組み込まれています。地下鉄などの騒音の大きいところでも、車両のアナウンスを乗客に届けるためです。

　ソウルでは 2003 年に地下鉄で火災が発生し、多くの乗客が逃げ遅れて亡くなった事件があり、広範囲に聞こえやすい放送システムを備えることが緊要な課題でした。放射音スピーカは、実機テストで他の有名スピーカメーカよりも性能が良かったようです。

http://uno-system.com/bbs/content.php?co_id=eng_sub03_5

　日本では、頭の固い音響工学の専門家が導入を阻んでいますが、この放射音スピーカーが賞を取ったのです。

https://drone-bc.jp/information/185/

https://drone-bc.jp/information/189/

　インフラサウンドは、実はソニック兵器（音響兵器）にも応用されています。2017 年には、キューバの米国大使館の外交官が聴力攻撃されたと報道されました[8]。結論が出ないままうやむやになりましたが、私はインフラサウンドのソニック兵器ではないかと思い、それに関する論文を投稿しました[9]。

7　Cook, R. K., 1962: Strange Sounds in the Atmosphere, Part 1, Sound 1

8　http://science.sciencemag.org/content/358/6368/1236

9　http://science.sciencemag.org/content/358/6368/1236/tab-e-letters

6. 無線LANの原理は
誰が発明した？

　Science誌を読んでいると、驚くことがたびたびあります。自分がいかに無知であるかを思い知らされます。GPS衛星と地上コントロールセンターの通信では、FHSS（Frequency Hopping Spread Spectrum）の通信技術が使われています。GPSシステムが発明される以前には、このFHSS方式の無線通信が開発されていました[10]。

　世界の多くの人が使っているFHSS方式を発明したのは、軍人でもなければ、通信・無線研究者でもありません。なんと、有名なハリウッド女優のラマー（Hedy Lamarr）です。とても驚いたので、それについての論文を投稿しました[11]。

　彼女は1914年生まれで、1930年代から1950年代にハリウッドスターの一人となります。そして第二次世界大戦期に、作曲家のジョージ・アンタイルと共に、連合国側の魚雷の無線誘導システムが枢軸国側からの通信妨害の影響を受けないための周波数ホッピングスペクトラム拡散の初期的な技術を開発し、特許を取得しました。

　彼女は2014年に、National Inventors Hall of Fame（全米発明家殿堂）に登録されていますが、無線通信が本格的に始まる前に、米軍ですら知らなかったFHSS方式を発明したことは驚くべきことです。天才にはアイデアが天から降ってくるような瞬間があるらしいのです。皆さんも、突然、彼女のように、新しい技術が降ってくるかもしれませんよ!?

　現在では、管制塔と旅客機との無線LAN通信にFHSS方式が使われています。スマートフォンで使われているBluetoothにもFHSSの通信方式

10　慶應義塾大学 環境情報学部 武藤研究室『図解 そこが知りたい！ 無線アクセスのすべて』（翔泳社 2000）

11　http://science.sciencemag.org/content/358/6370/1546/tab-e-letters

が用いられています。電波において、同じ周波数を使っていると混信することは誰でも分かると思いますが、混信している周波数チャネルから回避して別のチャネルを使う方法が FHSS 方式です。

　実は、日本で最初の FHSS の実験は、慶應大学の湘南藤沢キャンパスで私たちの研究グループが行いました[12]。この実験では、キャンパスにある研究室と自宅の間を FHSS 方式の無線 LAN（BreezeCOM）で接続しました。直線距離で 2.1km あります。途中に丘のような少し高台の地形があり、自宅は小さいのでキャンパスから見ることはできませんが、近くに大きな建物の東急ストアがあり、そこの壁に反射させて、実験していました。当時はまだ wifi がない時代でした。

12　慶應義塾大学 環境情報学部 武藤研究室、前掲書

7. 田んぼの新しい雑草術

　静岡県のエムスクエア・ラボ社長の加藤百合子さんに頼まれて、雑草対策のロボット製作の手伝いをしました。加藤さんのアイデアで、「けもの道」の原理を応用して、田んぼの雑草対策を行うというプロジェクトです。けもの道とは、山野において獣（動物）が通る道のことを言います。つまり、獣が通ることで雑草対策をするという作戦です。

　加藤さんは、8kgと20kgのローラを2種類用意して、毎日ローラを充てていきます。週一回ローラを充てる実験を2016年4月から6月に実施し、その結果、なんと8kgのローラを週1回充てただけでも、田んぼの雑草の植生を変えることに成功しました。2017年4月にScience誌のeLetterに投稿し、一年後の2018年4月に掲載されました[13]。

　今回の手伝いは、そのローラ処理ロボットの位置情報の制御です。通常のGPSは、数メートルの位置精度ですが、RTK（Real Time Kinematic）の位置計算手法を使うと、数センチの精度でロボットの位置がわかります。

　そもそも、GPSシステムを構築したのは米国政府ですが、オープンソースのRTKライブラリを公開しているのは、日本人の高須知二さんです[14]。GitHubというソースコードを使って共有サービスで提供されています。RTKは相対位置情報を提供します。RTKでは、BaseとRoverの2種類が必要です。RTKで、Baseを固定すると、Roverの正確な位置が計算できます。BaseとRoverの最大距離は10kmほどです。

13　http://advances.sciencemag.org/content/3/3/e1602638/tab-e-letters
14　https://github.com/tomojitakasu/RTKLIB/tree/rtklib_2.4.3

8．Copyleft

　オープンソースプログラムの活用は、AI システムの構築には不可欠ですが、そのオープンソースのライセンスには、二種類あります。一つは、permissive ライセンス（寛容なライセンス）、もう一つは copyleft ライセンスです。permissive ライセンスには、BSD, MIT, Apache があります。copyleft ライセンスには、GPL, LGPL などがあります。permissive ライセンスの下では、そのライセンスのオープンソースを使った場合でも、法的な心配・懸念は何もありません。一方、copyleft ライセンスのオープンソースを使った場合には、基本的に、追加開発した部分もソースを公開する必要があります。

　企業にとっては、研究開発で投資したノウハウを自社に留めておきたいので permissive なライセンスを好む傾向にあり、そのためか民間主体の活動では copyleft ライセンスは使いづらい場合があります。一方で、草の根技術者ネットワークでは、ソフトウエアはみんなの共有財産にしようという精神があり、その恩恵を受ける場合にも同様の考えを広めるため、copyleft ライセンスをしばしば好みます。

　copyleft ライセンスの利用者は、自分の開発部分も同様に copyleft 条件で公開しなければなりませんので、開発成果を占有することはできません。研究者には、実験の再現性が重要なので、ソースが公開されていて覗ける環境が有利です。研究には copyleft が良く、ビジネスには permissive が良いとも考えられます。ビジネスと研究の兼ね合いはなかなか微妙です。

　つまり、AI 研究者をはじめソフトウエアを使う研究者にとっては、copyleft ライセンスのオープンソースが増えてくると、すべてのソースが

覗けるので、再現性の良い環境になります。それについての概要を整理したものが論文化されています[15]。permissive ライセンスのオープンソースが増えると、その下で開発したオープンソースを公開する必要がないので、再現性が悪い環境になります。科学論文の内容を再現したい場合、分からないパラメータやモジュールがあると、オープンソースにもかかわらず再現できない場合が増えているのが実情です。

15 http://science.sciencemag.org/content/359/6377/725/tab-e-letters

9．BIMの将来

　BIM（Building Information Modeling）は、3Dデータの登場によって単純に3次元の建物のライフサイクルを構築し、管理するための形状情報だけでなく、コストマネジメントやプロジェクトマネジメントの分野にも発展しています。3次元のダイナミックモデリング・ソフトウエアを活用して建物設計および建設の生産性を向上させるために、BIMはそれぞれの用途で利用されています。そこには建物形状、空間関係、地理情報、建物部材の数量や特性などさまざまな情報が含まれます。

　BIM登場以前、日本には伝統的な建築技術がありました。607年に造られた法隆寺は、世界最古の木造建築物です。法隆寺は1400年の間、マグニチュード7以上の地震を46回も受けていますが、それらの自然災害に耐え現存しています。しかも、そこでは釘が1本も使われていません。人間の体を模して設計されているのです。人体の骨と筋肉の構造原理を使って地震や風力エネルギーを吸収し、構造物に被害がないように設計されています。そうした内容をまとめました[16]。法隆寺のすべての技が科学的に解明されているわけではありません。何か未解明な重要な要素が隠されているようにも思われます。

　法隆寺などを設計した当時の設計者、宮大工、哲学者（空海など）は、都市設計に風水を導入していました。その例が、奈良の平城京、京都の平安京です。現在の東京駅や皇居周辺も風水に基づいて設定されています。風水の設計では、気の流れを重視します。将来的には、法隆寺の設計技術に繋がるかもしれない風水に基づく設計を、最新のBIMに導入すると、さらに新たな可能性が感じられ面白いです[17]。

16　http://science.sciencemag.org/content/358/6366/1072/tab-e-letters
17　http://science.sciencemag.org/content/359/6380/1108/tab-e-letters

１０．小学生の防災訓練

　日本では、気象庁が中心になって緊急地震速報サービスを提供しています。東日本大震災では、1万人以上の死亡者が出たにもかかわらず、日本政府は、緊急地震速報は有効だったと考えています。政府の資料の中に、重要なエピソードが記録されていました。

　2011年3月11日、釜石の小中学生3000人は自力で避難し、難から逃れることができました。中学生を中心に自分たちで判断し、避難所に留まることなく、避難所よりも高い場所に移動しました。これらの中学生は、小学校の引率の先生にも「この避難所では危険だから高所へ避難せよ」と指示していたことがわかりました。

　釜石の学校では、防災訓練を定期的に行っていたそうです。その訓練では、1．想定にとらわれるな、2．どんな状況下でも最善を尽くせ、3．自らが率先して避難せよ、という内容が教訓でした。

　こうして大人が作ったハザードマップではなく、津波の状況を聞いて自ら判断し行動したわけです。中学生が声をかけながら避難したので、小学生もそれについていったようです。行動力のある中学生たちは、大人（引率の先生）にまで的確に指示し、彼らの行動は3000の人命を救いました。

　このエピソードを知ると、大人たち（政治家、官僚、専門家）の「想定外」の言葉は、ある種の言い訳にしか聞こえない場合もあるということです。日本の子供たちは、世界でも恵まれている環境に育っているにもかかわらず、防災訓練以上の「学び」をすでに身につけ、たいへん頼もしく思いました[18]。日本政府は、緊急地震速報サービスに力を注ぐだけでなく、"防災訓練の教え"を世界に普及すべきだと思います。

18　http://science.sciencemag.org/content/358/6367/1111/tab-e-letters

１１．中国最新事情

　2017 年 12 月 29 日から 2018 年 1 月 3 日の間、中国政府から招待を受けました。武漢の HUST（Huazhong University of Science and Technology：華中科技大學）からの指導依頼で、AI の講義をしました。そこで驚愕したのは、土木・建築の学部が AI 技術を土木建築分野に活かしたいということです。HUST は科学博物館を建設中で、中国の新幹線、武漢の地下鉄、道路・トンネルなどの現場を有しており、そこで AI を駆使していこうということなのです。

　HUST の学長は、「院士」の名誉称号を持っていると紹介されました。院士とは、各専門分野の最高の称号で、学長は土木・建築の院士ということで、院士の書類は、工事や設計の命令書になるそうです。つまり、端的にいうと土木・建築の大臣のような称号です。

　HUST 学長からは「AI 技術で、人命事故のない安全な土木・建築技術を確立したい」という要望が伝えられました。ところが日本における中国に関する報道（中国新幹線事故など）の多くは、人命軽視というイメージが強いのでその学長の話を聞いて驚きました。

　さらに印象的だったのは、ショッピング、レストラン、ホテル、すべての支払いは、年齢に関係なく皆スマートフォンで行っているということです。wechat と alipay の 2 つが主な web 支払いのサービスプロバイダとして流通しているのです。

　武漢から山東省に向かう約 1500km ほどの距離を、5 時間かけて中国新幹線に乗りました。新幹線には、2 等、1 等（日本のグリーン車）、ビジネスクラス（グランドクラス）がありますが、座席のほとんどがリザーブシート

を原則としています。したがって我先に乗って席を奪い合うこともなければ、日本の新幹線と比べてほとんど横揺れもしません。何故だかわかりますか？新幹線の線路はほぼ直線なのです。とくにお手洗いの際に、その揺れの違いを実感することができます。

　駅に入場するときのセキュリティチェックも迅速に行われています。基本的にすべての乗客がセキュリティチェックを受けることになっていますので、それぞれ50人ほどの単位で部屋に入り、そこで爆発物のチェックや荷物検査など各チェックがほんの数秒程度で行われていきます。

　中国の主要都市は、すでに新幹線が開通しています。そこでは地下鉄が同時並行のかたちで建設されていて、数年後にはすべて完了するようです。また高速道路では、あらゆる車が速度制限を固く遵守しているので、どのようにこのような一斉規制を実施されたのか尋ねてみました。すると、高速道路の至るところにカメラが設置されており、そのカメラの記録によって違反者には厳しい罰則が課せられるようになっているそうです。

　山東省の威海（Weihai）に行きました。ここでは日本と同じく青空が当たり前になっていましたが、PM2.5問題はどうしたのでしょうか。習近平は1期目の終わりから2期目の間に厳しい法律を作り、工場からの排気ガスの規制を実施し、多くの規制違反者を逮捕して罰金刑を課したようです。2018年4月時点では、中国全体の40％の工場が停止していたそうです。習近平の指導力の強さを国民に見せたのがこのPM2.5問題です。これによって中国の大気汚染問題に対する認識が変わってきているので、そのあたりを冷静に検証してみました[19]。

　威海では、二社の企業訪問をしました。一つはスマートフォンの支払いサービスを行っている企業、二つは軍需関係の企業です。前者は、2年前に上場し伸び盛りの会社で自信に満ちた態度で、web支払いはGPSも連動している旨を説くと、ビルのなかではGPSが使えないことを問うてきました。すでに第1章「ブレークスルー」でも書きましたが、確率的計算法を使うことによってビルの中でも、信号を受け取ることができます。

19　http://science.sciencemag.org/content/359/6371/39/tab-e-letters

また、通常の GPS では位置精度は数メートルですが、RTK 技術を使うことによってセンチメートルの位置精度に代えることも可能なのです。

　人口 14 億人を抱える中国にこうした AI に精通するエリート層がいないのには深刻な様子を感じました。

　出張中は毎日中華料理を食べることになりましたが、日本の中華料理と全く違いました。料理の多くが薄味で健康食です。「海外の中華料理は 2000 年前の料理がそのまま活かされている場合が多いが、中国の中華料理は 2000 年間進化し続けている」という話でした。

１２．研究予算はどう配る？

　米国では、政治家は大規模予算を組み新しい産業の創出に活かそうと試みていますが、なかなか思うようにいきません。日本でも、米国に倣って同様の大規模予算を組みましたが、長期的展望に繋がらず失敗し続けています。

　私（武藤）が米国にいるとき、２回ほど大規模予算が組まれました。１回目は1990年以降に始まったスーパーコンピュータ・プロジェクトです。米国政府はこれからはスーパーコンピュータの時代だということで、大規模予算を数年続けて組み、100社以上のベンチャーを立ち上げました。何兆円という資金を投入したにもかかわらず、多くのスーパーコンピュータ企業は倒産し、プロジェクトは失敗に終わってしまいました。

　２回目は、これからはバイオ技術の時代だといって、やはり大規模なバイオ予算を掲げたことがあります。その結果はスーパーコンピュータの時と同じく、多くのバイオベンチャーは倒産し成功には至りませんでした。

　なぜこうしたプロジェクトは失敗してしまったのでしょうか。政府の大規模なプロジェクトの予算先に決定したベンチャー企業では、予算期間のうちは決まった時期に自動的にお金が降りてくるわけです。人間の性質としてそのような状況になると、あまり努力しなくなります。国からの甘い資金調達は、「市場で稼ぐ」という根本の企業力を削いでしまうのです。国からの大規模予算が付いたベンチャー企業では、著しくマーケティング力がなくなります。それはどの国でも同じでこうした体質的なメカニズムを政治家や官僚が分かっていないのです。

　それでは、国の科学研究予算をどのようにすればよいのでしょうか？

多くの研究者に広く浅く研究費として配分する方が賢明のように思います。その話題を提示[20]してみました。成功する芽が出て育つにつれ、その資金は国でなく企業から調達すればよいと考えます。また広く浅く研究費を分配することで日の当たらない非主流の研究分野にも、新しい研究の芽が生える機会が増えていきます。

20　http://science.sciencemag.org/content/356/6334/123/tab-e-letters

１３．コラーゲンで若返り？

"Was there ever really a sugar conspiracy?" という論文が、Science 誌に掲載されました[21]。砂糖の陰謀は本当にあったのか？という話題です。産業界の干渉もあり結論が導かれるまでに時間がかかりましたが、タバコが身体に有害であるという事実がようやく科学的に証明されました。過去には産業界の研究支援によって砂糖は身体に良いものであるという研究成果が存在し、たとえば「砂糖は脳に良い」「心臓病を緩和する」などの効果を我々は聞かされています。

ところが話題を取り上げた Science 誌の論文では、何が真実で何が真実でないのかという正誤判断を明確にすべきであり、歪められてきた科学の在り方を修復すべきであると主張されていました。また、過去のデータを扱う学者にも科学の真実を追究するように促しています。

そこで、砂糖に代わってコラーゲンのテーマを取り上げました[22]。コラーゲンを食べたり飲んだりすることで、果して本当にコラーゲン豊富なすべすべの肌になるのでしょうか。Amazon で販売されているコラーゲンのサプリを 60 日飲み続けた実験結果の科学論文によると、15％の人には肌の改善が見られたということです。逆にいうと、85％の人はほとんど効果がなかったということです。この数字をどう見るかということだと思います。

それでは、どうしたら肌のコラーゲンを増やせるのかについてインターネットで調べてみました。コラーゲンに効果的な食べ物をコラーゲン・ブーストフードと呼ぶようですが、そこにはビタミンＣの豊富な食物、緑茶、ニンジン、脂肪のない七面鳥のスライス肉、アボカド・オイルなどが

21 http://science.sciencemag.org/content/359/6377/747
22 http://science.sciencemag.org/content/359/6377/747/tab-e-letters

あります。それによると、砂糖は大敵だそうです。また直射日光をさける
ことが重要なようです。

１４．バタフライ効果とは

　Wikipedia によると、バタフライ効果とは力学系の状態にわずかな変化を与えると、そのわずかな変化がなかった場合とはその後の系の状態が大きく異なってしまう現象のことです。気象学者のエドワード・ローレンツによる「蝶がはばたく程度の非常に小さな撹乱でも遠くの場所の気象に影響を与えるか？」という問いに由来して用いられるようになったようです。

　Zika ウイルス、Ebola ウイルスは最近ニュースになる話題ですが、2018年3月にアフリカでは黄熱病やコレラが流行し、ブラジルでも黄熱病が猛威を振るっていました[23]。こうした毒ウイルスに対して最新科学を使って、Zika ウイルス、Ebola ウイルス、黄熱病、コレラを撲滅させようという試みがなされています。

　しかし、これらの毒ウイルスについても地球にいる生物多様性の一部であることを考えると、撲滅させることは環境全体にとって良いのか悪いのか即答に困ります。撲滅でなく、抑え込んで共存する方が良いのではないかと考えてしまいます。この話題を問題提起しました[24]。毒ウイルスを撲滅させることは、バタフライ効果によって私たちの生態系あるいは地球上の人類社会に大きく影響するのではないかと懸念し、地球上の人口を制御しているのは、もしかするとこれらの生物なのかもしれません。

23　http://science.sciencemag.org/content/359/6380/1075.full
24　http://science.sciencemag.org/content/359/6380/1075/tab-e-letters

１５．天気予報の話

　日本の天気予報は、世界に誇れる予報技術ではないかと皆さんは思っているのではないでしょうか。図 4-16 には 24 時間における天気予測のエラー情報を示しています[25]。横軸が日時、縦軸がエラーを表します（RMSE：Root Mean Square Error / EQM：Empirical Quantile Mapping）。グラフの点の低い方が予測精度が良いことになります。縦軸では、北半球 500hPa 高度場の 24 時間予報の平方根平均二乗誤差の単位はメートルになります。

　次の図 4-17 は、図 4-16 のグラフ右にある略語の説明であり、図 4-16 と合わせてこれらの図から分かることは、eta は米国の天気予測モデルで、精度が最悪であることが分かります。jma は日本モデルで、米国に次ぎ 2 番目に悪いことがわかります。天気予測モデルの精度が良いのは、カナダ、イギリス、EU です。これらの天気予測モデルに、機械学習を使ったらも

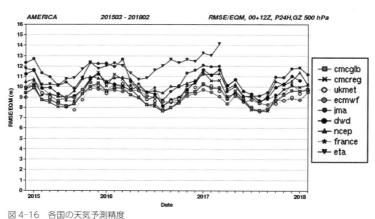

図 4-16　各国の天気予測精度
https://weather.gc.ca/verification/monthlytse.html

25　https://weather.gc.ca/verification/monthly_ts_e.html

第4章　奇想天外な発想と常識のウソ、ホント　　161

っと良い精度を出せると思い論文をまとめました[26]。

Model Description
cmcglb　Canadian GEM GDPS
cmcreg　Canadian GEM RDPS
ukmet　UK Met Office
ecmwf　European Centre for Medium Range Weather Forecasting
jma　Japan Meteorological Agency
dwd　Deutscher Wetterdienst (Germany)
ncep　National Centers for Environmental Prediction
france　Meteo-France
eta　U.S. North American Model

図 4-17　各国の天気予測モデル
　　　　https://weather.gc.ca/verification/monthlytse.html

26　http://science.sciencemag.org/content/357/6356/1073/tab-e-letters

１６．国際学習到達度調査（PISA）のゆくえ

　PISA（Programme for International Student Assessment）とは、OECD が 3 年に 1 回、15 歳の生徒を対象に実施している国際学習到達度調査のことです。2015 年の調査では、72 か国の 54 万人の生徒が受験し、数学、サイエンス、読解力の 3 つのテストを実施しました。最近では、3 つのテスト結果に対して過剰反応をしている国が増えています。

　Science 誌の論文では、図 4-18 を見てわかる通り、東アジア勢が上位を占めています[27]。そこでは生徒たちのテストだけでなく、親や担当の先生、校長へのヒアリングも行っています。国によって、15 歳に教えている内容が異なるため、学校でカバーしている科目と PISA の科目が重なる場合は得点が高くなる傾向にあります。つまり国によっては、PISA に合わせて学校の教科内容を変更している場合があり、それについては問題点として指摘されています[27]。またこれらの国際学習調査の 5 つの改善点を提案しています[27]。

　近年、PISA の出題傾向が大きく変更されました。そのコンセプトの中心が Post-Normal Science（PNS）という考え方です。PNS は 1990 年代から提案されてきていますが、そこでは図 4-19 に示すように、科学の進化を概念的に 3 つのステージ「応用科学→通常科学→ポスト通常科学（混沌科学）」に分けて考えます。横軸はシステムの不確実性、縦軸が意思決定に関する利害関係を表します。

　PNS の考え方が生まれた背景には、科学技術は遺伝子工学、ロボット技術、人工知能、脳神経科学、ナノテク技術などあらゆる分野において急激な成長を成し遂げ、そのために社会の不確実性は増大したことがありま

27　http://science.sciencemag.org/content/360/6384/38

す。すなわち急速な科学技術の発展は、社会に対して強いインパクトを与えてきているが、その科学技術の方向性を判断し調整するのは、いったい誰なのでしょうか、という問題意識です。この PNS という考え方は、教育の観点から何となく妥当であるように思われるのですが、次のような主張を Science 誌に論文投稿しました[28]。

そもそも science（科学技術）が登場した時点から、わたしたちはすでに PNS のステージにいるという事実です。その科学技術の代表がフランケンシュタインという比喩です。フランケンシュタインとは、人間が作り出した人工物のことです。この人工物は、今や遺伝子工学、ロボット技術、人工知能、脳神経科学、ナノテク技術で作られています。このフランケンシュタインの最初の代表は、原子爆弾ではないでしょうか。

科学技術の発展は誰にも止められないかたちで、非線形で科学論文の撤

Mathematics			Science			Reading		
1	South Korea	564	1	South Korea	556	1	South Korea	535
2	India	548	2	Japan	538	2	Taiwan	527
3	Singapore	544	3	Taiwan	534	3	India	520
4	Japan	542	4	China	532	4	Hong Kong	526
5	Hong Kong	532	5	Hong Kong	531	5	Japan	521
6	China	531	6	Bangladesh	529	6	Singapore	519
7	Taiwan	524	7	Malaysia	528	7	China	517
8	Malaysia	521	8	India	525	8	Canada	516
9	Iran	520	9	Finland	523	9	Iran	513
10	Sweden	516	10	Macau	518	10	Sweden	509
11	Australia	512	11	United Kingdom	516	11	Germany	509
12	Denmark	511	12	Canada	513	12	Macau	509
13	Finland	511	13	Nepal	513	13	Poland	506
14	Slovenia	510	14	Australia	510	14	Slovenia	505
15	Belgium	507	15	Norway	509	15	Netherlands	503
16	Germany	506	16	Germany	509	16	Australia	503
17	Poland	504	17	Netherlands	509	17	Pakistan	500
18	Ireland	504	18	Switzerland	506	18	Denmark	500
19	Norway	502	19	Ireland	503	19	France	499
20	Austria	497	20	Belgium	502	20	Belgium	499

図 4-18　2017 年 PISA の評価結果
　　　https://traditionalprimarymusic.com/what-can-the-uk-learn-from-the-pisa-results/

28　http://science.sciencemag.org/content/360/6384/38/tab-e-letters

回がない限り単調に進んでいきます。PNSでは、不確実な問題が出されたとしても生徒に答えを要求し、採点しなければならないわけです。

　中国の道教の考えでは、どの道も正しいとなっていますが、明らかに道には良さそうな道とダメそうな道があります。15歳に出すこの不確実な問題は、答えるのに酷な試験であり、博士号の認定試験のようです。PISAでは、もっと演繹的な三段論法の質問を増やしたらいかがでしょうか。

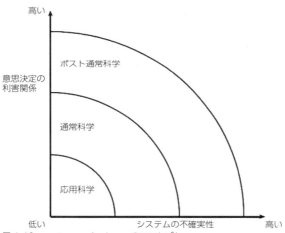

図4-19　post-normal scienceのコンセプト
https://en.wikipedia.org/wiki/Post-normal_science
但し、英語部分は日本語に置き換えた

１７．フランケンシュタインの性質は誰が決める？

　メアリー・シェリー（Mary Shelley）は、200年前に小説 "Frankenstein" を出版しました[29]。これは映画にもされた作品ですが、発明した科学者が神のように振る舞うことへの警告とも思われる内容が描かれています。先ほども述べましたが、フランケンシュタインとは、人間が作り出した人工物です。科学者が発明ないし発見した科学技術は、その内容が公開された瞬間から発見者の手から解き放たれ、誰しもが用いることを許されるものとなります。

　その誤解について明快に書きました[30]。つまり、発明技術を使う側の人間が、フランケンシュタインの性質を決定し得ることになるのです。残念ながら、発明した科学者はフランケンシュタインの性格決定に関わることすらできないのです。前節の PNS では、「科学技術の方向性を判断し調整するのは誰なのでしょうか」という問いがありましたが、実は誰も科学技術の方向性を制御できないのです。また、科学技術の調整も然りなのです。

29　http://science.sciencemag.org/content/359/6372/137.full
30　http://science.sciencemag.org/content/359/6372/137/tab-e-letters

１８．ウソは真実より
　　　ネット拡散が大きい？

　2006年から2017年のTwitterを解析し、「ウソは、真実よりもネット拡散が早い」という論文がScience誌に掲載されました[31]。この研究成果を見たときに、まったく斬新さを感じませんでした。その理由は、シャノンの情報源符号化定理を詳しく知っていたからです。

　現在の通信技術は、すべてこのシャノンの情報源符号化定理に基づいています。その定理では、情報とはそもそも何であるか、情報をどのように符号化したら、情報通信を効率的に行うことができるのか？という重要な問いが定義づけられています。こうした問いかけに答えたのがシャノンなのです。

　シャノンは、情報量を次のように定義しました。m はメッセージのことです。$P(m)$ は、すべてのメッセージ空間でのメッセージ m が起こる確率のことです。たとえば、「豚が鳥を生んだ」というメッセージは極めて珍しいので、$P(m)$ は小さくなります。$P(m)$ が小さくなれば、$1/P(m)$ は大きくなります。つまり、珍しいメッセージは、情報量が大きいということです。

$$情報量\ (m) = -\log_2 P(m) = \log_2 \frac{1}{P(m)}$$

　もう少し詳しく説明するために、次の例題を考えてみましょう。
例題：32階建（各階8部屋）の建物があります。「建物の5階に住んでいる」m5 と「建物の階数はわからないが3号室に住んでいる」m3 という情報量を比較せよ。

31　http://science.sciencemag.org/content/359/6380/1146

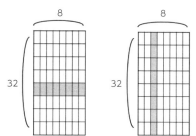

図 4-20 "5 階に住んでいる" と "3 号室に住んでいる" の情報量の違い

　5 階に住んでいる確率は、$P(m5)=8/(32×8)=1/32$ なので、情報量 $(m5)=\log_2 32=5$bit

　3 号室に住んでいる確率は、$P(m3)=32/(32×8)=1/8$ なので、情報量 $(m3)=\log_2 8=3$bit

　すでに論文[32]に書きましたが、珍しい情報ほど、情報量が多いということです。珍しい情報ほど人は他人に伝えたがります。人は真実よりもウソの方が面白いと思うのでしょう。シャノンが生きていたら、ウソは真実よりもネット拡散が大きいことを知っていたでしょう。

32　http://science.sciencemag.org/content/359/6380/1146/tab-e-letters

１９．マグロのフィン

　マグロの話が Science 誌に掲載されていました。関連したマグロの論文を掲載[33]したいと思い、マグロの画像と動画を見て気づかされたことがあります。マグロはスリムとはいえない太っちょの魚にも拘わらず、泳ぐスピードが速いのです。マグロの体に付いているフィンは、体より小さいことがわかります。マグロのフィンは小さい割には、機敏に進行方向も変えることができます。ここでインターネットを駆使して検索してみると、面白い事実が分かりました。

　ボートのスタビライザーメーカーの実験サイトを見つけました。最新の高性能スタビライザーは、小さな形状のフィンが複数使われています。フィンの数を 2、4、6 と徐々に増やしてスタビライザーの性能を比較検討しています。小さいフィンでフィンの数が多いほうが、水抵抗も小さくスタビライザーの性能も良いそうです。

　マグロの体と複数の小さなフィンの話は、同じ視点で考えられ理にかなっていると思いました。このような技術は、流体力学という分野でケイリー（Sir George Cayley）が 18 世紀後半に考え出したものです。彼は、イルカ、鱒、マグロの解剖学の研究から流体力学の考え方を生み出したそうです。皆さんも Cayley のように、自然観察から新しい学問分野を切り開くことも可能かもしれません。

33　http://science.sciencemag.org/content/357/6348/251/tab-e-letters

２０．ハラスメントにどう対処する？

　ハラスメントへの対処法について論文を投稿しました[34]。明治時代以前の古武術は、ディフェンスが基本です。それは君主をガードする侍だけでなく、女子も身につけようとする術でした。人間の身体の認知構造を理解することによって、たとえ力が小さくても、大きな相手に屈しない物理的かつ精神的な防御方法を示してくれます。したがって、軍隊や特殊部隊等でも研究され取り入れられてきました。

　とくに無住真剣術は、剣術の域を超えて自分や相手のマインドに関する操縦方法を知り、相手の予測を外すことを重要視する方法でした。相手の予測を外すためには、相手の情報チャネルを把握し、相手に必要以上に情報を与えない事が重要です。相手の予測を外すことは、敵（相手）を一瞬でカタレプシーの状態にさせることができます。その瞬間から相手に物理的かつ精神的に力で対抗するのではなく、相手を違う方向へ導いたり追いやったりすることができるのです。

　それらの奥義を知ることで、ハラスメントや争いを軽減させ、逆に、相手とのコミュニケーションに有利に働かせることもあるでしょう。具体的なテクニックはハラスメントのシーンによっていくつも考えられますが、自分の状況を知り、自分自身で独自のやり方を発見し、訓練して身につけることが、相手の「予測を外す」ためには重要なのです。

34　http://science.sciencemag.org/content/358/6368/1223/tab-e-letters

インテルメッツォ

ものづくりからAI世界へ

　鉄道模型やオーディオアンプなど物を作るのが大好きな生徒でした。アナログの電子工作からスタートし、オーディオアンプの音質を追求する際に当時流行っていた差動回路に使うトランジスタの相性（コンプリを組むと言います）をテスターでグラフを書いて選ぶなどを受験期にしていました。アルバイト掛け持ちの学生時代を過ごしながら、当時登場しはじめたマイコン時代の先駆けのASCII創刊号と共にデジタルの電子工作も始めました。

　デジタル部品は高価なものが多く、とても学生のおこずかいではどうにもならないので、そういう仕事をアルバイトにしようと、電子部品販売をやっている秋葉原の有名店であった信越電気（今の秋月電子）でアルバイトを始めました。電子工作キットを作るためなら、アルバイトに無料でパーツを提供してくれる店だったので、キットの開発を家でやりながら、勉強とアルバイトを兼ねた活動をやるようになっていました。ある時は、アップル2に使われた6902CPUの後継である6809という当時新しいCPUを使ったキット「AKI-9」を開発しました。

　ベンチャーの走りではないですが、秋月さんが販売してくださるとのことで、バイト仲間の学生たちで会社を作り、お店に卸すようなことを経験しました。この時の学生メンバーはみな同期卒業で、全員富士ゼロックスに就職しています。

　大学の4年からは相磯秀夫先生の研究室に所属しました。当時の相磯研は、並列計算機、Ethernet、データベース、高級言語マシン（含むAIマシン、第五世代コンピュータ）などなど、多数の研究テーマを持つ先進的でユ

ニークな場でした。のちに Sony CSL を立ち上げる所先生が海外から来られ、AI の元祖の武藤さんだけでなく、インターネットの父である村井さんが EthernetG を指導し、並列計算機の中川さん、データベース専門家の上林先生、清木さんなどがいました。先輩方もコンピュータ業界の主要な企業や国の研究所をはじめ、大学等で教鞭を執っていたりさまざまです。とにかく活気溢れるメンバーが揃っていた時代でした。

　会社に入ってからも、ある戦略会議において、複数の活動に優先順位をつける場面で活動 A も活動 B もリーダが研究室の先輩、それを仲裁・査定する行司役も研究室の先輩、という場に遭遇したことがあります。まるで同窓会のようでした。お互い切磋琢磨しながら自らの知見を磨いている先輩が多くて、非常に刺激的な環境でした。

　3 代年上で博士課程の武藤さんとは、研究グループは少し違っていました。研究室内のアルバイト組という最大バーチャル集団の棟梁が武藤さんだったので、電子工作のプラットフォームである秋月電子でバイトをしていた私とは馬が合い、一緒にいろいろな研究開発をしました。当時は計算機が高価で、8bit CPU に 8 インチドライブを付けた初期のマイコンシステムは、カローラが買えるくらい高価でした。日本で最初の東芝の JW10 というワードプロセッサは 600 万円しましたし、unix が動く VAX11 という DEC 社の計算機は 4000 万円〜 1 億円でした。研究を進めるためにも、道具であり測定器でありプラットフォームである計算機を自力で作るのが重要な時代でした。

　マイコンが登場したばかりで、機能を絞ると価格も 1/100 になりマイコン関連製品の開発競争が始まる黎明期でした。現在の AI 黎明期でも AI 扇風機や AI エアコンが出始めていますが、当時は最初の「マイコン電子ジャー」が出る前で、各企業がマイコン技術者を育成するのに躍起になっていました。

　そうしたときでも、武藤さんはビジネスセンスが鋭く、マイコンを使った基礎教育や AI 的アルゴリズムで最適解を探す教育が得意で、企業研修

コースなどのアルバイト仕事に取り組んでいました。武藤さんは、学生のうちから企画力や交渉力があり、何が効率的に成果を生むか、そのためのハードやソフトを作り、活動資金を入手するのも得手でした。1980年代初めには、時給1万円前後の仕事をSONYと契約し学費がネックで進学も迷う学生を勇気づけていました。

研究室では論文を書くのが好きな集団と、物づくりが好きな集団に大きく分かれますが、武藤さんは一人で両方をやれる、ひときわ個性的で目立つ先輩でした。ある時は海外の学会に英語論文を通して発表旅行に行き、ある時は物づくり部屋で電子工作に明け暮れる風でした。頭領として後輩の面倒見もよく、バイト集団を20名くらい引き連れて、銀座のステーキハウスに連れていってくれたことも数知れません。こうした先生らしさは、今の武藤研にも生かされているものと思います。

1983年春に武藤さんは博士課程を、私は修士課程を修了し、彼はアメリカの大学へ、私は富士ゼロックスに就職しました。仕事でアメリカ滞在の時は、休みになると武藤さんの家に遊びに行かせていただき、しばしば世界のAI事情の話題で花を咲かせていました。

1990年頃でしょうか、武藤先生が慶應SFCに戻ってくると、すさまじい数の論文採択数を記録しビッグになっている姿に驚愕したのを覚えています。その後、私も慶應SFCの非常勤講師をすることになり、それが今日まで続いていますが、授業の前後に武藤研に集まる方々と情報交換をさせていただきました。ときには会社の協力を得てNHKの技術研究所や光学関係のメーカーの方とハイパースペクトラムカメラ3rdEyeの研究試作を行ったこともあります。いまやハイパースペクトラムカメラが買える時代になりましたが、当時は特別に作らないと手に入らない時代で、それには特殊な部品を組み合わせることが必要で苦心しました。

私は、富士ゼロックスに入社後、JStar系列のワークステーション商品の研究開発に加わり、日本製の最初のJStar[1]をリリースしました。1984年には、高性能なエキスパートシステムを実現できる、AIワークステー

1　大西康昭「Smart Work Innovation の実現とそれらを支える技術」『テクニカルレポート No.27 2018』、富士ゼロックス

ションの開発に加わりました。
Smalltalk-80は初期のオブジェクト指
向言語で、ハードウエアが遅い時代に
ソフトウエアの高性能化開発のために
Xerox社との共同開発を行いました。
アメリカでの発売後も、富士ゼロック
スだけで性能アップを継続し、1985
年には世界最高速のSmalltalk-80に

世界最高速のエキスパートシステム
http://squab.no-ip.com:8080/collab/19

よるエキスパートシステムを発売することができました[2]。

　技術的背景として、ネットワーク接続・マウス・ビットマップディスプレイ・マルチウインドウを備えた超高性能計算機をパソコンのように個の人が占有で使うという文化は、Xeroxから始まっています。Ethernetの基礎はDec社、Intel社、Xerox社の共同開発で、Ethernet登録商標は3社で、今もIT商品やデジタル家電で確認することができます。ネットワークプロトコルも初期に実現されていて、Internet前の時代にLANを実用化していました。頂点のマシンはDoradoと呼ばれ、大型計算機の技術で作られたStarの50倍も超高性能を備えており、その試作活動も行いました。

　ハードウエアは時代とともに低価格化が進み、ソフトウエアにウエイトを移すようになりました。Unixワークステーションや性能の向上したPCで動作するStarワークステーションを開発しました。技術面では、異なるCPUやOS上にアプリを稼働させる移植技術や、あるOSの上に別のOSを載せる仮想化技術に取り組みました。JStarもInterlisp-DもSmalltalk-80もアプリケーションの世界はバイトコード仮想計算機で動くアーキテクチャなので、言語の移植は困難ではなく、主にOSの仮想化技術の開発が大変でした。1990年前後ごろ、バイトコードを実行時にネイティブ変換するJITコンパイラや、先進的な言語では必需品であるガベージコレクタの並列化技術が進歩しています。

2　山崎竹視、星野正恵、渡辺元之、徳永亮、宇田川誠「ガベージコレクションなど仮想マシンの改良で速度を上げたSmalltalk-80システム」『日系エレクトロニクス論文』、pp197-230、日経BP社、1986

1989 年から Xerox PARC CSL に 3 年間駐在も経験しました。当時は、Xerox PARC CSL の並列計算機チームが、Sun 社の並列計算機チームを指導していて、その中に富士ゼロックスの日本人が 1 名含まれていました。私は Xerox PARC CSL で言語処理系とランタイムの開発チームに入りました。天井まで全面ホワイトボードの会議室でビーンズバックに寝そべって議論をするというスタイルの発祥となった研究所です。そこでは、全員個室が用意されていました。

　当時は「ユビキタスコンピューティング」の提唱者であるワイザー (Mark Weiser) 氏が CSL 長でした。Sun ワークステーションの SPARC と SunOS で、Mesa/Cedar という Modula3 や java の元になった言語を高速動作させる方式を何通りも研究しました。事業部の大勢のアプリメンバーに扱えるよう、安定度と使いやすさも加味した開発ツールや Star の OS である Pilot を稼働させる開発活動をやりました。

　住んでいた 1989 年夏には、サンフランシスコの大地震を経験しました。震源のサンタクララからサンフランシスコに至る断層帯は Xerox PARC の裏山を通っていて、しかもサンフランシスコより 1/4 と震源に近い場所でもあったので、地震の瞬間は強烈な振動でした。

　帰国後、1995 年から 12 年間は、セキュリティ技術とその商品化に軸を移しました。PKI によるセキュリティ認証基盤（CA）開発[3]、セコムとコラボして電子政府認証基盤の相互運用の試作[4]、SDES という ASP サービスを商品化すると同時に、その一部である社内認証局の Xnet システムで ISMS の日本初取得[5] を行いました。ISMS のコンサルがまだ国内にはなく、日本

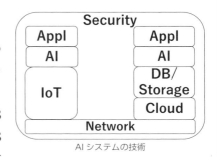

AI システムの技術

初の ISMS 評価機関 Jaco-IS の立ち上げに繋がりました。全世界の経理部を結ぶシステム、調達システム、DocuWorks という電子文書をハンドリ

---

3 『テクニカルレポート No.13 2001』、富士ゼロックス
4 https://www.jnsa.org/mpki/cpki/index_j.html
5 https://www.fujixerox.co.jp/company/news/release/2002/0124_jaco.html

ングするアプリケーション、複合機（MFP）[6] に PKI 機能を搭載していきました。2004 年ころから、多数の MFP のメーター情報などを Internet とモバイル通信で富士ゼロックスのデータセンターと結ぶシステムを開発しました。今でいう IoT、モバイル、クラウドアプリを同時に開発し、3 フェーズに分け 50 万台を順次結んでいく 10 年がかりの活動の最初のフェーズを担当しました。その後、研究戦略段階からクラウド基盤、SaaS をインフラ込みで商品化に取り組みました。

　富士ゼロックスを定年退職後は、慶應 SFC で特任教授として武藤さんと AI プラットフォーム研究に取り組んでいます。また、セキュリティ会社のサイエンスパーク[7]AI 部門であるアプライド AI 社[8] にも関わっています。武藤さん一人では AI コアの応用システム化は大変なので、企業の管理職経験をからめ、AI コアの実用化に向けて、AI ＋クラウド＋ IoT 全体を引き受けています。AI の応用では、応用分野に応じた知識＋ AI 知識に基づいたデータクレンジングや、データを集めるセキュアなクラウドシステムにも取り組むことになっています。

　武藤さんは AI 初期からずっと AI の研究者なのですが、第 1 章にあるように、壁を超えるためにわざと多くの異分野にも手を出し、異分野経験からアイデアを出すというやりかたで AI 研究を更に進めています。ユーロ紙幣鑑別機など、かなり前から AI 技術を世の中の役に立てています。一方では、異分野でもトップ級の課題に取り組み、インパクトを出しています。日本の wifi 初期、カメラ付き携帯などを経営陣に提案し、AI 研究者なのに色々な分野のイノベーションの糸口も同時に仕掛けてしまう人です。本書の『イノベーションする AI』は、ちょうど武藤さんを表現しているなと納得しています。

〔宇田川誠）

6　黒崎雅人、稲田龍、宇田川誠、益井隆徳「PKI 技術とデバイス証明書」『テクニカルレポート No.15 2005』、富士ゼロックス

7　https://sciencepark.co.jp/

8　http://www.applied-ai.co.jp/

特別付録

スパコンを
つくってみよう！
Innovating AI

1．スパコンが個人で持てる時代

　GPU を搭載したスパコン的な高性能コンピュータが個人でも妥当な価格で手に入る時代になり、構成可能になってきました。いかに GPU Computing が破壊的なパワーを持っているか、そのインパクトを感じていただけたら幸いです。

　この特別付録では、そのようなハードウエアの具体例と実際の機械学習の動作環境の構築実例を紹介します。「2．AI 環境構築に取り組もう」では GPU が破壊的パワーを持っていること、環境構築への心構えを紹介し、「3．シンプルな AI 環境構築の例」では Debian OS を用いた超シンプルな AI 環境構築の方法を紹介します。そして、続いて CPU から GPU への時代の変遷について概観し、「5．小型 GPU マシンってどうやってつくる？」および「6．スパコン完成に向けた組み立て方」では実際に高性能 GPU マシンを個人でも使えるような実装例を紹介します。最後の「7．機械学習のために GPU ソフトウエアをインストールしよう！」は、ソフトウエアの構成例として、Ubuntu での代表的 AI 処理ソフトウエアを動かし、GPU マシンの動作確認までを行います。

2．ＡＩ環境構築に取り組もう

2.1　構築のコースと自分で取り組む手間と効果

　AI 開発環境には、商品ツールや有料の構築サービスなどもあります。確実に進めたい場合は、有料でも商品やサービスを利用することを一度は考慮する良いでしょう。ここでは、最新の AI 開発環境の一部を自分で構築する方法の一例を紹介します。

　AI 開発環境の構築には、ある程度の手間と時間が必要です。

AI 開発環境は、後述するように、それぞれが別個のペースで進化を継続している多くのソフトウエアを組み合わせるため、ソフトウエア同士の依存性や相性があり、GPU や OS の種類・バージョンの組み合わせが変わると、ソフトウエアの調子もまた別個に変わるので、結果として動作するソフトウエアの組み合わせが日々変化する可能性があります。極端に言うと、以下に記載している具体的な方法の詳細は、本書が時間が経つにつれて書かれた現在とでは状況が異なっている可能性も否めません。そこで AI 環境構築に挑戦される方は、以下に記載される例は一時期に動作する組み合わせであると捉えていただき、最新の稼働環境の構築方法を探っていく必要があるものとご理解ください。

　それぞれの技術は、登場した時期により CPU や GPU、OS に制約があることが多いので、各自の手持ちの CPU や GPU を用いて、それぞれの出発点から少しづつ行っていくのが良いと思います。環境構築に要する作業は小さくなく、ソフトウエアの組み合わせを発見する知恵が AI への近道であることも多いです。実際に、今の AI エンジニアは統計やデータサイエンスから入っている方が多く、プログラムを書く一般の IT には不慣れな方も少なくありません。逆に、細かな環境構築に向いているのは、実はインフラエンジニアであったりするのです。

　少しでも余計な手間を避けるためには、最新バージョンに揃えようとせず、一歩手前の安定したバージョンで揃えるようにすることです。AI 開発環境では最新版同士がうまく動くことがあまりないのが現実です。うっかり最新化すると動かなくなるので、一度動くようになったら、途中のバージョンでもその良い組み合わせのままで維持していく必要があります。

　最適な良い環境を固定するためのコンテナ技術も便利ですが、コンテナ技術そのものが CPU や OS に依存性の高いものなので、それがまた組み合わせを複雑にする面があります。

2.2　GPU並列処理

　AI 処理が実用化され、問題によっては人間の能力をコンピュータが上回るのではないかという懸念を感じる時代がやってきました。これまでCPU の性能向上は年率 2 倍というムーアの法則が目標として与えられていたので、CPU メーカーは必死にその目標をクリアするよう努力してきました。一方で、CPU クロックの高速化は限界に近づいていて、ここ数年の性能向上は、一つの命令でいかに多くの処理を行うか、コアの数を有効に使う技術に焦点が移ってきました。また、CPU の性能が上がっても、高性能を使い切るアプリケーションが少なくなってきており、IT の進化に限界が見えてきたのではないかという見方も出ていました。

　ところが、ニューラルネットワークが長い停滞期を脱し、AI 処理の性能が目に見えるかたちで向上する時代になり、改めて高性能な計算処理の必要な分野が出現してきました。AI 処理には、既存の多くのアプリを知的に進化させる期待が集まっていて、多くの分野で高性能計算機の需要を強く高める傾向になりそうです。

　GPU Computing は、シンプルな CPU コアのうち演算器部分のコア数を劇的に増やし、数千の単位で計算性能を上げるパワーを持ちます。グラフィック向けに最適化されてきた GPU が、グラフィック以外の用途でも使えるようになってきました。GPU Computing の進化は、一気に数年から十数年分の進化に相当するインパクトを持っています。

　ハードウエアの量産による低価格化が進み、そのようなインパクトあるマシンが個人で所有できるすばらしい時代に差しかかってきました。とうとう AI 処理に必要な GPU 超並列処理という高度な計算能力を持ったスーパーコンピュータ並みの計算機を、個人の手が届く価格帯で入手できる時が来たのです。

2.3　GPU並列処理の普及背景

　高度な計算パワーが個人に与えられる時代になった理由は、主に二つあります。

　一つは、ゲーム用途に最適化されたシステムが量産化により低価格で普及してきたことに起因します。画面の解像度が2倍になると、一画面を構成するドット数は4倍になり、計算能力を4倍必要とするようになります。ゲーム機は数の需要量が大きく、非常に多くの数を大量生産するため、そこで使われる部品も大規模に大量生産され、それによって高度な部品を驚くほどの低価格で生産できるようになりました。この量による低価格化の恩恵をAI処理でも共有し、科学技術計算分野においても利用できるようになってきたことが背景にあります。

　もう一つは、オープンソースソフトウエアの整備が急速に進み、無料で利用できる研究用のライブラリが実用レベルに達したことによります。AI処理に必要なプラットフォーム・レイヤのソフトウエアが、オープンソースで提供されるようになってきました。代表的な機械学習のライブラリとしては、TensorFlow, Chainer, Caffe などがあります。

　機械学習分野のアプリケーションに、今後大きな進展が期待されています。現段階では、機械学習のアプリケーションを開発するためには、向き不向きを検討した上でライブラリを選定し、実際に大量データで機械学習を試行した上で専門家が結果の良し悪しを判断し、方式の選定見直しやパラメータをチューニングを行っていく必要があります。

　すなわち、AI処理の研究開発をするためには、大量のトライアンドエラーの実験が必要なので、研究開発者の各自が短時間で実験結果を得、修正後にくり返し実験を行うという動作を多数回行う必要があります。1台の超高性能で高価なAIマシンを大勢で共同利用するよりも、高性能な実験環境を各研究者個人各々が持つことができるかどうかが、開発速度を左右します。

現在の AI 処理の開発は、ひょっとすると多数の実験設備を投入して実験回数を稼ぐような化学や薬品の研究開発に似ている面があります。世界一の性能を争うスーパーコンピュータであっても、一台しかなければ、一度に一回のトライアンドエラーしか実験できません。中小規模の準スーパーコンピュータを多数台用意したほうが、多数のトライアンドエラーを同時並行的に実施することができ、かつ、各々のトライアンドエラーを小さく高速に改善サイクルを回す事ができます。それによって、研究開発の進捗に大きく寄与し得るのです。したがって、研究者個人単位でも有することの可能な廉価な環境が得られるかどうかが重要になります。

　たとえば、50 次元の行列処理を 2500 個以上の演算器を持つ GPU で実行すれば、コンピュータは 50 倍程度に加速される可能性があります。通常 1 時間かかる計算が 1 分少々で終わるわけで、大量データを何度もパラメータを変えて試し、都合の良いパラメータを見つけ出す作業を行う研究効率が劇的に早くなります。試行錯誤を繰り返す人間の思考を途切らせないように、短時間で結果が判るかどうかが、研究開発の効率化に非常に大きな影響と効用をもたらします。しかも、そのような手段を個人が専有利用できるようになれば、研究開発の効率は劇的に向上する可能性があります。

　極端ですが、複数の方式、複数のデータセットの中から最善を見つけ出そうとすれば、一人で多数の GPU マシンを用いることにも十分な価値があります。

3．シンプルなAI環境構築の例

　既存の GPU マシンにシンプルに、AI 環境を構築する方法を紹介します。

　Asus Zephyrus GX501VIK（または、その後継機）は、約 2kg のノートパソコンで、GPU GTX1080 を搭載したスーパーコンピュータです。これで

なくとも、ゲーム用のノート PC で、GTX1080TI または GTX1080 を搭載したこのマシンに最新の Debian OS（Linux）をインストールさせることによって、GPU 処理が可能になり、様々な人工知能のための超並列処理ができるようになります。

　インストールは、すべて自己責任で行ってください。インストールに失敗しマシンが文鎮になった場合は、メーカーに送って初期化してもらいましょう。ここでは、世界で人気のある keras というディープラーニングのフレームワークを使います。ディープラーニングのエンジンには、tensorflow（Google 開発）、cntk（マイクロソフト開発）、theano（トロント大学開発）の 3 つがあります。.keras/keras.json ファイルの backend を書き変えると、エンジンを 3 つのどれかに交換することができます。

Debian 9.8 OS のインストール

　最新の Debian は以下からダウンロードできます。

　http://ftp.riken.jp/Linux/debian/debian-cdimage/release/current/amd64/iso-dvd/

　しかし、まだ 10.x は出たばかりなので、ここでは 9.8 を利用します。

　https://cdimage.debian.org/cdimage/archive/9.8.0/amd64/iso-cd/

　から debian-9.8.0-amd64-netinst.iso ををダウンロードし、ISO イメージを DVD に書き込みます。ネットインストール用なので、インストール時にインターネット接続が必要です。

Debian 9.8 OS のインストール

　必要があれば、OS やデータのバックアップをとってから始めて下さい。

　次の作業にはリスクが伴うので、それを覚悟で実行してください。（マシンにより、方法が違うので、マニュアル等で確認してください）

　Debian 9.8 OS のメディアを DVD player に入れて、ノートパソコンに USB 接続します。ここでは、購入時のパソコンに搭載されている

Windows OS を上書き（削除）して、新たに Debian 9.8 OS をインストールします。

1．Shift キーを押したまま、電源スイッチを押し、システムをシャットダウンします。

2．F2 キーを押したまま、電源スイッチを押しつづけると、BIOS 画面が現れます。

3．BIOS 画面のメニュー -> Advanced mode の Security メニューで、Secure Boot Control を Disable 設定します。

4．Boot Menu からイメージが入った、DVD player を選び、リブートさせます。

5．リブートすると、Debian のインストールが始まります。

（Debian のインストールでは色々聞かれますが、詳細は Debian 関連の書籍や Web ページを参照してください。ssh server はインストールしておくと設定に便利です。）

Debian OS の設定

1．ノートパソコンの USB-ethernet をインターネットケーブルに接続します。Debian OS を起動して、usename と password を入力します。

2．terminal 画面を起動して、/etc/apt/sources.list を次のように変更し、システムをリブートします。変更するには、su コマンドでルートになってから、vi か nano エディタでファイルを変更します。

deb http://httpredir.debian.org/debian/ stretch main contrib non-free

deb http://security.debian.org/debian-security stretch/updates main contrib

deb-src http://security.debian.org/debian-security stretch/updates main contrib

deb http://deb.debian.org/debian/ stretch-updates main contrib

deb-src http://deb.debian.org/debian/ stretch-updates main contrib

3．次のコマンドを実行していきます。

$ su

```
# apt install sudo
# exit
$ sudo apt update
$ sudo apt upgrade
```

次に NVIDIA 社の cuda-toolkit、driver、その他必要なモジュールをインストールします。

```
$ sudo apt install nvidia-cuda-dev nvidia-cuda-toolkit  nvidia-driver
$ sudo apt install linux-headers-$(uname -r|sed 's/[^-]*-[^-]*-//') nvidia-
legacy-304xx-driver
```

システムをリブートします。

```
$ sudo reboot
```

Python 環境設定

miniconda ツールを使って、Python 環境を設定します。miniconda をダウンロードします。Python2.7 版では、Miniconda2-latest-Linux-x86_64.sh をダウンロードします。

https://repo.continuum.io/miniconda/Miniconda2-latest-Linux-x86_64.sh

Python3.7 版では、Miniconda3-latest-Linux-x86_64.sh をダウンロードします。

https://repo.continuum.io/miniconda/Miniconda3-latest-Linux-x86_64.sh

インストールするには

Python 2.7 版の場合

```
$ sh Miniconda2-latest-Linux-x86_64.sh
```

$\left(\begin{array}{l}\text{Python 3.7 版の場合}\\\text{\$ sh Miniconda3-latest-Linux-x86\_64.sh}\end{array}\right)$

最新版に conda を更新します。

```
$ source .bashrc
```

```
$ conda update conda
$ conda install keras-gpu
$ conda install matplotlib
```

Debian で、次のコマンドを実行すると、GPU 情報が表示されます。
```
$ nvidia-smi
```

これで GPU の情報が表示されれば、GPU をソフトウエアから操作できる環境が出来ていることが確認できます。

次に、mnist の GPU 学習版、keras_cnn.py をダウンロードします。.bashrc ファイルに 1 行挿入します。
```
take='http://web.sfc.keio.ac.jp/~takefuji'
$ source .bashrc
```
keras_cnn.py ファイルをダウンロードします。
```
$ wget $take/keras_cnn.py
$ python keras_cnn.py
```
実行結果を次に示します。20 秒足らずで、6 万人分の 0 から 9 の手書き文字を学習し、1 万人分のデータで検証すると、手書き文字の認識が 99.28% となります。この結果は、精度の良い機械学習ができたことを証明しています。

```
Epoch1/8
60000/60000 [============================] - 3s
58us/step - loss: 0.1489 - acc: 0.9553 - val_loss: 0.0437 - val_acc: 0.9856
...
Epoch 8/8
60000/60000 [============================] - 3s
```

43us/step - loss: 0.0087 - acc: 0.9969 - val_loss: 0.0303 - val_acc: 0.9928

もしここで、何らかの不整合なエラーが出た場合、GPU や Tensorflow 関係の upgrade を試してみましょう。2019 年 9 月時点では、以下が効果がありました。

$ pip install --upgrade tensorflow-gpu

$ pip install --upgrade keras

より便利にするためにリモートデスクトップの設定

Debian にパソコンからアクセスできるようにするために、次のコマンドを、Debian で実行します。

$ sudo apt install xrdp xfce4 vnc4server

$ echo "xfce4-session" >~/.xsession

$ sudo service xrdp start

他の Windows 10 のパソコンから、スパコンの Debian にアクセスしてみます。Remote Desktop Connection Manager を使います。

Config を一つ作成し、設定します。接続したいコンピュータの IP アドレスを入力します。接続ボタンを押してから、Xvnc Session を選び、ユーザ名とパスワードを入力すると、Debian の画面が、Windows10 のパソコンに出てきます。

キーボードの設定

リモート環境だとキーボードが変わりますので、適宜設定をします。

Asus Laptop with English(Australian)

4．CPUからGPU時代への変遷

4.1　コンピュータアーキテクチャの変遷

　AIが流行したのは、実は近年になってからではありません。コンピュータ関係の基本技術の多くは、1960年代までに開発されており、同時期にAI技術の開発も行われていました。

　1970年代には、普通の計算機の利用法を超えた新しい考え方が模索されるようになり、スーパーパーソナルコンピュータとしてマウスやビットマップディスプレイ、Ethernetを標準搭載したワークステーションが開発されました。AIのアプリケーションを記述するのに向けた言語の開発競争も起こりました。日本でも、人の感覚を持ったコンピュータを目指して、第五世代コンピュータ開発計画が行われた時です。

　1980年代前半には、AIの一形態として、エキスパートシステムが提案され、prologなど論理ベースを用いたAI記述言語専用マシンの研究が盛んになり、性能競争をした時代があります。この時代には、数値計算でなく、記号処理や推論に特化したプログラミング言語が考案され、その言語を高速に処理する処理系の実現方法について競っていました。推論言語としてはprolog、記号処理言語としてはLisp、オブジェクト指向の考え方もこの時代に提案されたもので、純粋なオブジェクト指向言語の最初になるSmalltalk-80が登場しました。

　次に、CPUの高速化技術が進展し、キャッシュ、パイプライン制御、分岐予測などの技術が磨かれた時代が到来します。一つの命令を何ステップかに分割し、それぞれに専用ロジックを設けて、時間をずらして多数の命令をパイプラインに流すようにしていきます。平均処理を行う速度が高速にはなったものの、CPUの制御回路もますます複雑化して行き、一つの命令を実行するのに何クロックも必要になってきました。その一方で、回路が複雑化することにより、クロック周波数の高速化に実装上の限界が

見えてきました。既定路線の改善を積み重ねてきた先に限界を迎えた感が否めません。

その後、アーキテクチャの改革ブームが起こり、CPU の制御回路をシンプルにするかわりに、クロックを段違いに高速化しましょう。そこでは、抽象度の高い高機能な命令を CPU で実装するのをやめて、高機能で複雑な処理はコンパイラと呼ばれる命令列生成ソフトウエアに任せてしまいましょう（RISC: Reduced Instruction Set Computer）、という考え方が流行りました。

それ以前の複雑な命令セットの CPU アーキテクチャをまとめて CISC（Complex Instruction Set Computer）と呼ぶようになりました。そのあと時代を経ると、RISC と CISC の互いの良い点をお互いに取り入れられるように進化を遂げました。CPU アーキテクチャの改良は今も続いています。

次に、並列処理コンピュータの時代が到来しますが、プログラムの本質的な並列度がたくさん必要なアプリケーションはあまり多く見当たらず、一部の問題専用のマシン以外は成功しませんでした。スーパーコンピュータや大規模データベース、サーバ専用のコンピュータに使われている程度に留まっています。

さらにその後、クラウドの時代となり、非常に多くのユーザ数を同時にサポートするコンピュータシステムが必要とされるようになりました。クラウドサービスを実現するため、サーバ・ネットワーク・ストレージの仮想化技術が進化し、廉価なサーバを多数用いて連携処理させ、仮想的な大規模システムを実現する技術が開発されました。このオープンソース版が公開されるなど、クラウド技術の進展ペースは早く、利用のハードルが下がる時代に移っていきました。AI 処理には大量のデータが必要になりますが、大量データを扱う基本コンピューター技術の蓄積がクラウドで先に進展していたことが、AI の発展を支えています。

4.2 CPU & GPU

現在の多くのコンピュータは、その処理の中心を CPU（Central

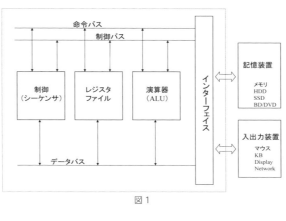

図1

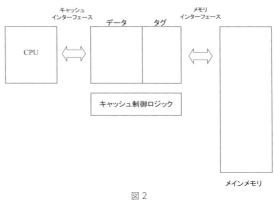

図2

Processing Unit) が分担しています。CPU の主な構成は、図1のように、制御部、レジスタ部、演算器、とから構成され、CPU 外部に、主記憶装置 (メインメモリ)、HDD や SSD で構成される補助記憶装置、USB や Ether、キーボード、マウス、ディスプレイなどの入出力装置などが接続されます。メインメモリと CPU の速度差が大きいので、CPU にはキャッシュメモリを載せることが普通で、図2のようにインターフェーズが2段階あり、間にキャッシュメモリがあることが普通です。

　現在の CPU は集積度が非常に高くなり、一つのチップに CPU の構成

要素を複数載せることができます。制御部、レジスタ部、演算器の3つをセットにしたものをCoreと呼びます。複数のCPU Coreとキャッシュやメモリとの関係で、図3のように並列処理計算機にはいろいろなタイプが存在します。たいていは複雑な並列プログラミングを避けるため、複数のコアを一つのインターフェースバス経由でキャッシュメモリをアクセスしている型であることが普通です。現在の高性能CPUでは、コアが2から8個実質使える環境が普通にあり、サーバ向けCPUではコアが実質16～48個というものもあります。キャッシュも複数段階あり、密結合共有メモリー型に近い味が加味されてきています。

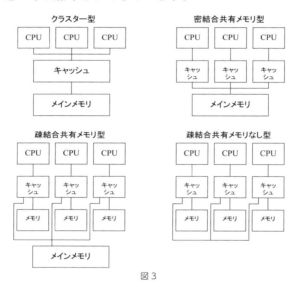

図3

　GPUは、CPUと違い浮動小数点の加算・乗算に限定したシンプルな演算器を非常に多く載せたCPUです。異なるデータに対して、同じ計算を同時に多数実行することができます。192～4000個弱の演算器を載せた一つのCPUのようなものを、GPUと呼びます。並列に計算する仕事があれば数千倍もの大きな計算能力を発揮し、並列に計算する仕事がない場合には、原理的に普通のCPUと同じ程度の処理速度になります。

データを大量に供給できるようにするため、大容量の高速メモリを GPU に直結で接続するのが普通です。「GPU+ 大きめの高速メモリ」のセットが密に実装されていることが大切で、通常の GPU ボードは GPU+ 高速メモリチップから構成され、それらが普通の PC のアドオンボードとして提供されています。

グラフィック能力を強化したゲーマー向けのアドオンボードは、「GPU+ 大きめの高速メモリ」に、更に「+ 高性能ビデオ I/F」で構成されています。すなわち、ビデオ I/F を無視すれば、ゲーム用 PC がそのまま AI 処理用に転用できるのです。

4.3　オープンソースの恩恵を受けるGPUを選ぶ

では、ゲーム向きの GPU 強化型の PC ならば、何でも AI 処理に向いているかというと、必ずしもそうではありません。図 4 に示すように、ゲーム向け PC の一部が、AI 処理に向いています。その差は、主に AI 処理用のプラットフォームライブラリが動くかどうかです。

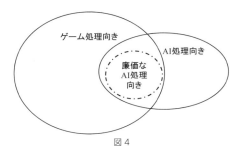

図 4

オープンソースの AI 処理用ライブラリには多くの種類がありますが、それぞれの発展速度やサポート HW の範囲に違いがあり、高性能の最新 HW をサポートする使いやすいライブラリかどうか、アプリの多いものかどうかにライブラリの優劣が出てきています。

現在の多くのオープンソースの AI 処理ライブラリは、NVIDIA 社の CUDA と CuDNN ライブラリを利用しているため、AI 処理に使うには、

これらが動く GPU を選ぶことになりがちです。また、同系列の GPU でも、対応度合いの違いを表すために Compute Capability（CC）があります。この数値がライブラリで規定されている値以上の GPU でないと、ライブラリが HW を認識してくれません。単純に言えば、世代の新しい特定の会社の特定ラインナップの GPU を選ぶことが無難な傾向があります。

　一方、オープンソースライブラリのアップデートにもある程度時間がかかるため、出たばかりの最新のハードウエアは、ライブラリからサポートされないかもしれませんし、動いても安定しないなどインストールに非常に手間がかかる可能性があります。現実的には、ライブラリのサポートと、製品世代、販売価格の落ち着きカーブなどを勘案して、GPU を選択することになります。GPU 主体のコンピュータ技術は広くは普及していなかったため、SE 的な能力の高いエンジニアでも、十分カバーできない領域です。機械学習などでは、巨大なデータを扱う可能性が高く、プライベートクラウドを構築するような類似技術も必要になる可能性があります。

　AI 関連の研究開発を行うには、通常のシステム開発関係者に AI 関係の専門家を加えただけのチームではパワー不足です。クラウド PF 関連やオープンソースの使いこなし、データセンターサービス運用、HW 知識、セキュリティ技術等に長けたエンジニアが AI 処理の研究チームにも必要です。AI 処理のライブラリがまだ発展段階にあるため、研究チームでライブラリ群の組み合わせや GPU 群への配置・最適化の試行錯誤をまだまだ重ねる必要があるからです。AI 処理には大量のデータが必要になるので、DB やファイルストレージにも従来よりスケールの大きなリソースが必要になりがちで、クラウド構築技術も必須となります。

　AI 処理にかけるデータや結果データは価値が高く、AI 処理の環境では並みのクラウドよりも高度なセキュリティ技術も必要になります。データそのものを自動収集するために、センサーネットワークを作ったり、データを集める廉価な無線通信のインフラが必要になったり、いわゆる IoT技術も必要になります。すなわち、AI 処理の研究には、AI 処理技術その

ものだけでなく、多くの IT 最新技術もいろいろと同時に必要になります。このあたりの状況は、物理の研究のためには、実験機材を研究者が自分で手作り、研究施設を研究者が建設することもいとわないのと類似しています。

　逆に、GPU 並列処理のアプリケーションプログラムはシンプルになるので、アプリケーション開発能力が最初から高くなくても AI 処理には取り組める傾向にあります。コンピュータ業界に人数の多いアプリケーションエンジニアには、PF や OS, HW を抽象化する傾向がありますが、AI 処理のライブラリによる GPU 処理の抽象化を行う整備が不十分な現状では、研究チーム総力で複雑な問題に対処する必要があります。

4.4　GPU環境の種類と特徴

　現在、GPU 処理環境を必要とした場合、環境を得るには三種類の方法があります。

(1)　オンプレミス

　図5のように、自分の手元に GPU 並列計算機を整備する方法です。ハード、OS、PF ソフトウエアなどで構成される GPU 処理システム、学習データ、学習した結果の記憶、全てがユーザの手元にある形態です。この方法には、メリットとデメリットがあります。

　メリットは、研究成果である学習結果を独り占めできることです。高付加価値な学習データを得ることができた場合、その結果を独り占めできるだけでなく、その結果に至った試行錯誤の「経験」も独り占めできます。

　デメリットは、高性能な GPU を手元に置く必要があり、どんどん最新型の高価な GPU マシンを買い入れる必要があることです。

(2)　GPUクラウド

　図5のようなシステム全体を、GPU サーバを含めてクラウド形態で借

りて、ネットのあちら側にデータをアップしてリモートで計算させます。良いベンダーがいれば、最新型の GPU をどんどん借りて、利用分だけの費用で高性能な GPU 処理をも用いることができます。これは目先の費用だけを見れば、コスト効率の高い方法です。

この方法は、費用のメリットの替わりに欠点が二つあります。

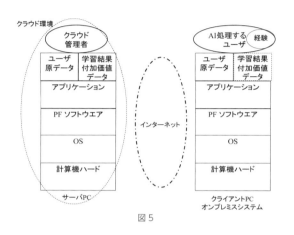

図5

一つは、高い付加価値な学習結果や結果に至る試行錯誤の経験データをクラウドベンダーに無料であげてしまう効果があることです。クラウド PF ベンダーが自動的に知識を蓄積することになり、最強の AI ベンダーに成長していく基盤になっているとも言えます。

もう一つは、大量の学習データをアップロードし保管するためのデータを転送する費用や保管する費用で課金を受け、利用コストが当初想定するよりも高くなる傾向にあることです。自分のデータなのに、使えば使うほど課金されるため、予算を順調に拡大できないと、時間と共に利用抑制効果＝研究速度抑制効果の面を持っています。

多くのプロジェクトでは、最初は大きな予算が付いても、年数を経ると予算が先細りになりやすく、クラウド利用のアプローチは、長期の AI 研究には適さないかもしれません。

（3）　ハイパーコンバージドとハイブリッド

　クラウド開発で、ハイパーコンバージドというシステムの構成方法があります。ストレージやデータベース、CPU、OS を多数集積するのに、それぞれの専用ハードウエアを用いるのではなくて、メモリやディスクの多めについたサーバーを同じ種類を多数並べて、統一管理する方法です。

　この考え方の中に GPU を取り込んでオンプレミスにする方向での発展があります。

　また、オンプレミスとクラウドを混在させて、ハイブリッド環境にする流れもあります。オンプレミス環境をデータセンターに置いて、クラウドとネット経由で接続する方法もあります。一部のデータセンターはインターネットを通らずに直接クラウドに接続できるところがあるので、そのようなデータセンターを使えば、セキュリティ的にクラウドを利用しながら専用に近いハイブリッドシステムを組むことが出来ます。

5．小型GPUマシンってどうやってつくる？

　ここでは、家庭や一般オフィスにも置ける高性能な GPU マシンの構成例を紹介していきます。最適な方法は時代と共に急速に変化するので、時代に応じて部材を変更して応用していただければ幸いです。ここでは、ミドルタワーやフルタワーの PC は置き場所を取り、個々人が占有して利用する GPU マシンとしては不適当と判断し、キューブ型の PC で最高性能の GPU マシンを構成します。

5.1　ハードウエア概要

　CUBE 型 PC で GPU 並列計算機を構築するには、ベアボーン PC を使用するのが簡単です。 Wikipedia によると、ベアボーン PC は最小限のコ

ンポーネントしか持たないコンピューターです。典型的なベアボーンシステムには、ケース、マザーボード、CPU、ハードドライブ、RAM、および電源が含まれています。

　ほとんどのベアボーンシステムは、主要部品を自由選択とし、ケースとマザーボードのみのキットとして販売されており、CPU やメモリなどの主要コンポーネントはユーザが選択し組み立てる必要があります。市場で入手可能なベアボーン PC を調査し、NVIDIA GTX 1080 Ti と INTEL Core i7 クアッドコア CPU を収容できる 500W 電源を備えた、安価なベアボーン PC、シャトル SZ170R8V2 を使用することにしました。今は世代交代の時期で、SH370R8 という機種が第 8 世代第 9 世代の Intel CPU を搭載できるものもあります。

　マザーボードには、CPU と 4 つのメモリモジュール（DDR4 16GB）を使用する 4 つのメモリスロットを収容できます。 GPU マシンは長時間の連続計算を行う可能性があるため、熱的安定性を優先し、消費電力に余裕を持たせた 65W の INTEL Core i7 7700 CPU を選択する方が無難です。参考文献 1 に示すように、INTEL Core i7 7700 CPU の最大 FPU 負荷の消費電力は 65W で、INTEL Core i7 7700k CPU の消費電力は 95W です。i7-7700k は "K" 接尾辞で指定されたオーバークロックをサポートしています。類似なことは第 8 世代の 8x00 シリーズや 9xx0 シリーズにもあります。また、CPU 購入前にマザーボードとの互換リストを良く見る必要があります。一部サポートされない CPU もあることや、CPU にグラフィック回路がない CPU だとインストール時やトラブル時に代替え GPU カードが必要になる場合もあります。

　最低限の GPU 並列コンピューターを構成するには、CPU、メモリ、GPU ボード、SSD またはハードディスクを追加する必要があります。通常は計算速度にストレージの速度はほとんど関係しませんが、学習データサイズが大きい問題ではストレージのアクセス時間は重要になり、2.5 インチの SSD と、バックアップデータ保存用に 3.5 インチの 2TB ハードデ

ィスクを併用するのが無難です。

　マザーボードは m.2 をサポートしていますので、m.2 の SSD を利用するほうが更に高速ですが、OS やマルチブートのソフトウエアの組み合わせによっては OS で認識されないことがあり得るので、2.5 インチの SATA 接続の SSD もしくは安価な HDD を使用する方が安全です。

　GPU カードは、予算と性能から選びます。物理的サイズは CUBE 型ケースに入るサイズでなければなりません。同じ GPU を積んでいても、20 種類程度の商品が出回っていることと、ボードの厚みが重要になります。NVIDIA GeForce GTX 1080 Ti の最新 GPU ボードには、3584 CUDA コアが搭載されています。 GeForce GTX には、GTX 1070、GTX 1080、GTX 1080 Ti などのシリーズがあります。現在は RTX シリーズが販売されていて、世代交代が起きていますが、AI 処理環境用には、まだまだ GTX シリーズの方がソフトウエア互換性が高いケースが多い場合もあります。

　このマシンの大半の電力は GPU ボードによるものなので、GPU ボードの消費電力と放熱には、とくに注意する必要があります。NVIDIA GeForce GTX 1080 Ti ボードを 1 枚使用するには、250W 給電のために NVIDIA は 600W 電源を推奨しています。スペック上、最大 GPU 温度が 91℃である NVIDIA GTX 1080 Ti のピーク電力は約 267W です。

　NVIDIA GeForce GTX 1080 Ti ボードを使用するには、6 ピン／8 ピン PCI Express コネクタを使用し、できれば電源ユニットの別系統から給電します。そのためには、延長ケーブルや変換ケーブルを必要に応じて使います。

5.2　GPU

　まず、GPU を選定します。一番費用のかかる部品なので、トータルコストがここで大きく左右されることになります。

　GPU にはいくつかのラインナップが存在します。別の区分として、ビ

デオカードとして売られている製品と、科学技術計算サーバとして売られている製品があり、主要なスペックには大差なくとも価格に大きな差があります。

ここでは、CUDAをサポートするラインナップのなかで、個人の手が届く最上位機種として、GTX1080Tiを選定しました。コア数が3584、搭載高速メモリが11Gバイトあり、科学技術計算用のNVIDIA DGX-1など価格の高いマシンに用いられるP100（コア数同じ、メモリ16GB）などの最高性能のものと比較してもほぼ遜色のないスペックです。

有効に働く部分では、シングルコアの場合より3000倍以上の性能を発揮する可能性があります。AI処理の場合、大型の行列演算になるので、コア数の平方根くらいの加速率が期待でき、GTX1080Tiの場合は59次元の2乗が3481なので、約59倍程度、すなわち最大で1時間の処理が1分ちょっとで処理可能な程度の加速率が期待できそうです。

GTX1080Tiを積んだビデオカードは、商品としては20製品以上が販売されており、冷却ファンの大きさや数によってカードの物理サイズやオーバークロック機能、さらに放熱能力や付加ソフトウエアが微妙に違っています。それぞれの状況に好ましいものを選びますが、重要なのはケースに収まるサイズです。267×120×34.6mm以内がケースの指定です。実際にはGTX1080TIで厚さが34.6mm以内のものは見当たらないので、基板の厚さ分を考慮して38mm程度、最大でも42mmまでのものを探します。

一般的ケースならば、ケース、放熱、電源、GPUボードのサイズの関係で、バランスの良い組み合わせを選ぶことになります。グラフィック回路の品質や冷却方法の違いで、同じGPUチップでもさまざまなGPUボードが販売されているので、目的によって選びます。

ここでは、AI処理のためのGPUマシンなため、グラフィック部分は必要ないこともあり、小型ベアボーンケースに収容できることだけを考え、背面排気のモデル図6を選定しました。Founders Editionならどのメーカーでも同じようなサイズです。Founders

Edition でなくとも、類似な形状のものであれば、問題ありません。ケースには横にも穴が開いており、吸気可能なので、ファンが表面に見えているタイプのものでも、サイズ的に入るものであれば問題ありません。

図 6　GPU ボードの選定例

5.3　電源

　GTX1080Ti は最大 250W の電力を消費します。マザーボードからの給電では足りず、2 系統の補助電源が必要です。そのため、マザーボード向けの 2 系統以外に少なくとも +12V が余分に必要です。容量的には、電源効率は 80% 程度なので、CPU やマザーボードなど通常の部品の消費を 150W 程度は見込む必要があり、GPU の 250W と合わせると 400W で、総合的に電源効率を考慮すると、最低 500W 以上できれば 600W 以上の電源が必要になります。

　現時点では、高性能なビデオカードを入力する PCI Exp3.0 x 16 スロットと 500W 以上の電源を持つベアボーンの品種が限定されていますが、将来的には、違ったモデルもターゲットになりえます。個人的には、GPU ボードを複数取り付けることのできるマザーと 850W 電源のベアボーンがあるといいと思っています。

5.4　ケースと放熱

　高性能なマシンは大きな発熱を伴います。半導体は 10℃ 温度が上昇すると寿命が 1/10 になる傾向にあるので、可能な限り内部温度を下げることが重要です。したがって放熱のよいケースが必要となります。選定し

たベアボーンはファンが前後に2個あり、HDDを4つ載せることのできる放熱能力を有しているので、HDD数を最小限にして利用すれば、放熱、電源の面で安心できます。

GPUの選定でも、背面排熱であると、ケース内部の温度を有利に抑制できます。GPUに大型のファンがついていても、ケース内部をかき混ぜるだけになる場合もありうるので、その場合にはケースそのものから放熱することはできません。パーツ選定を電力＝発熱の面でトータルに考えると安定した稼動に繋がります。

一方で、GPUマシンを設置する部屋の電源と空調にも注意してください。部屋の換気や冷房が不十分な場合、GPUマシンが加熱しすぎる可能性があります。複数台を一部屋に設置する場合は、とくに注意が必要です。

5.5　マザーボード

通常、小型のPCではmini ITX規格のものが利用されますが、その場合にはメモリスロットが2本に限定され、最大メモリが32Gバイトであるものが多いです。GTX1080TIはボード上のローカルメモリが11GBも載っており、メインメモリの容量は大きい方が大規模データの学習に有利です。

選定したベアボーンにはマザーボードも含まれており、ケースの形状がminiITX規格よりもやや長く、その形に合わせてマザーボードが延長されており、メモリスロットが4本あるため、最大64Gバイトのメモリを載せられます。

注意しなければならないのは、マザーボードが出荷された後に発売されたCPUは原則としてサポートされない点です。古い商品は新しいパーツを知らないためです。以前からあるSZ170R8などのマザーボードBIOSには複数世代のものが存在し、古いBIOSのものには第7世代のCPUを起動できないものがあるそうです。

第6世代もしくはそれ以前のCPUを用いてBIOSの更新を行うか、

BIOS を更新した V2 と書かれた製品を用いれば問題ありません。より新しい SH370R8 は市場に出てからあまり時間が経過していないので、BIOS を更新する心配はまだありませんが、今後出てくるさらに新しい CPU を利用する場合は、BIOS の更新が必要になるかもしれません。

5.6　CPU & メモリ

　GPU には最高速の部品を用いるので、バランス上できるだけ最高速の CPU を必要とします。無難に選ぶと、Core i7 7700K または Core i7 7700 のどちらかになります。SH370R8 の場合は、8700 や 9700 シリーズも考慮できます。最新製品は微妙にマザーボードとの相性があるので、マザーボードの BIOS との相性リストを確認してから CPU を購入しましょう。

　ベアボーンのスペックによると、7700K は 91W 消費電力があり、許容範囲とするとギリギリ限界です。65W の 7700 を用いる方が無難です。7700K を用いる場合は、オーバークロックは控え、HDD をやめて SSD にするなど発熱バランスを取るように考慮します。

　メモリは、GPU および CPU の性能をフルに発揮できるよう、4 スロットに 16G バイトを取りつけ、64G バイトにします。DDR4 メモリで 288pin の PC17000-2133 規格の廉価なもので十分です。メモリの高さが HDD の取りつけ金具に干渉しないよう、メモリの高さに気をつけて購入してください。放熱やノイズ防止のためにヒートシンクやカバーのついたメモリの場合、高さが 42mm 以内か確認が必要です。また、ケーブル類の経路が非常に狭い小型 PC なので、少しでも空間の余裕はあったほうが良いです。

5.7　HDD & SSD

　インストールや OS の高速化のため SSD を 1 台、データの保存のために HDD を 1 台というのが基本と思いますが、どちらか 1 台でも 3 台でも問題はありません。

発熱を抑えることや性能面を考えると、コストが許せば SSD を用いるのが望ましいです。OS を複数入れるなら、その数だけをつけても良いと思います。

このベアボーンそのものは、4 台の HDD を搭載可能な設計になっていますので、SSD+HDD を 1 台ずつ、もしくは 2 台の SSD を搭載程度までとすればよいでしょう。HDD は、高性能なものは高回転で電力消費が多いものがあるので、HDD 選定でも電力消費を参考に選んでください。

6．スパコン完成に向けた組み立て方

6.1　組み立て開始前の注意点

小型 PC は内部が狭く、どこかの金属の角で怪我をする可能性がありますので、手を急に動かさないよう、慎重に作業する必要があります。また、静電気は電子部品の大敵ですので、組み立て作業はセーターのような静電気の起きやすい材質のものを着たり、じゅうたんの上では行わないでください。板や紙などを敷き、あまり乾燥させずに静電気を起き難い環境で作業するように配慮しましょう。作業を始める前に、床にべたっとすわり、両手の静電気をテーブルや床に逃がすような動作をしましょう。

分解作業や組み立て作業の際には、電源コードを必ず抜きます。PC の電源スイッチは弱電スイッチで、本物の電源スイッチではありません。電源コードを接続すると、マザーボードの一部には、電源投入前にも電気が来ていますので、ねじを運の悪い場所に落としたりすると、故障の原因になります。

6.2　各部の説明

ベアボーン PC の上面カバーを外します。中央に HDD の取りつけ金具

がネジ4本で固定されているので、それを外します。すると、CPU ソケットやメモリ周辺に手が届くようになります。

6.3　CPUの取りつけ準備

CPU の取りつけ時に取り外しと逆の動作をするので忘れないように、都度の各段階で元々の位置関係を写真に撮っておくとよいです。

まず、CPU クーラーを外すために、CPU クーラーの電源である 4pin のコネクタを外します。その後、背面の CPU クーラーファン取りつけの4本の太いネジを外し、CPU クーラーカバーを取り外します。そして CPU クーラーを外します。CPU クーラーの取り外しは、CPU ソケット上に載る部分の4箇所の筒状のものを左回転させると緩み、外することができます。

次に、CPU ソケットのレバーを一旦押し下げて横にずらし、カバーのロックを緩めていきます。このとき、ネジの頭に CPU ソケットカバーが引っかかっているので、大きくカバーを開き、ネジの頭から外します。カバーを開くのに電源ケーブル類が邪魔になる場合は、電源ケーブルを束ねているバンドを外して、電源ケーブルをばらし、ケース外にずらして CPU ソケット関連のものと干渉しないようにします。

6.4　CPUの取りつけ

CPU を取りつけます。LGA1151 規格の CPU で、マザーボード・BIOS をサポートする CPU を使用します。

取りつけ方向を決定するには、必ず、現物の CPU ソケットの▲マークと、CPU 本体の▲マークを合わせて取りつけます。CPU に印刷されている文字の刻印は、必ずしも一定方向ではなくバラバラで保証がありません。文字の向きで CPU の方向を判断してはいけません。必ず▲マークで判断してください。

CPU ソケットのレバーの開け閉め、CPU クーラーの取りつけや取り外

しは、どこまで力を入れてよいか迷います。▲マークとマニュアルに従って位置関係を確認し、位置が合っていれば軽い力で開け閉めしてみてください。ここで焦ると CPU を物理的に破壊し、買いなおしになる場合もあります。

　途中で電源を入れて動作確認がしたい場合は、最低限、CPU、メモリ、SSD/HDD までを取りつけないと BIOS が正しく動作しませんので、この段階でテストする場合は、バラック状態でもメモリと HDD を安全に接続するよう留意してください。一般的には、UEFI BIOS の場合、PC 用マルチスキャンディスプレイを接続していないと起動しない、または、起動したのに確認できないケースもあります。

6.5　CPUクーラーの取りつけ

　CPU グリスの種類と塗り方は非常に大切です。ここでは少々高価ですが、発熱量が大きい部分なので、ダイヤモンドグリスを利用します。

　熱抵抗（℃/W）という単位で熱の伝わりやすさや伝わりにくさを表します。CPU は 65W または 91W の電力消費なので、熱抵抗が 0.1 違うと、65W の CPU で 6.5℃、91W の CPU で 9.1℃の温度上昇の違いになります。

　CPU の放熱システム全体とすれば、内部温度 90℃、周囲温度 40℃とした場合、温度上昇は 50℃以内に抑制しなければなりませんが、91W の発熱で 50℃以内の温度上昇に抑えるには、50/91=0.55℃/W 以内の熱抵抗にシステム全体を抑えねばなりません。グリス 0.2mm 厚の熱抵抗は 0.1 〜 0.4 程度ですが、決してばかにはなりません。

　ダイヤモンドグリスは高価ですが、熱抵抗性能は良いです。もし、中心部分に空間が開いてしまうと、空気の大きな熱抵抗になってしまい非常にまずいため、隙間や空気が中心に残らないようにします。次に、グリスの厚みはそのまま熱抵抗が比例して大きくなるので、できるだけ薄く塗ることも重要です。余分なグリスは取りつけ圧力で外にはみ出して周辺を汚しますので、見た目上もグリスのつけすぎに注意が必要です。

CPU クーラーの取りつけは、右回転で 4 隅の取り付け金具を準備し、基盤の穴に先端が入っていることを確認した後、ある程度力を加えて抑えると基盤に取りつけられます。その後、CPU クーラーファンのカバーを取りつけ、太い 4 本のネジで固定します。CPU クーラーファンの電源 4pin をマザーボードに取りつけます。

6.6　メモリ

　メモリは 4 枚とも入れます。2 枚の場合は、青色のソケット 2 本に入れます。メモリには向きがあります。

　このベアボーンは、HDD の取りつけ金具がケース全体の補強金具を兼ねていますので、HDD がない場合でも取りつけが必要です。金具とマザーボードの間の空間が狭いので、42mm よりも背の高いメモリは使えません。メモリとしては、DDR4 のデスクトップ PC 用の一般的なメモリ（288pin, 1.2V）が使えます。放熱やノイズの保護のためにケースで覆われたメモリがしばしばありますが、サイズを確認しましょう。

　この段階でははっきりしませんが、GPU とメモリと HDD 取りつけ金具の間にほとんど空間は残りませんが、複数の電源ケーブルやその他の配線を通す必要があります。サイズには何かと余裕を持つように部品選定をします。

6.7　HDD & SSD

　性能を考慮すると、SSD の方がベターです。2.5 インチの SATA IF の SSD で、予算に合うものを選択すると良いでしょう。AI 処理は大量のデータを用いますし、長時間かけて得たデータを消したくない等で大きなサイズのファイルがどんどん累積する可能性がありますので、余裕を考慮した容量の SSD／HDD を準備します。

　ベアボーンの能力上では、HDD を複数入れると RAID を組むことができます。RAID5 は HDD を 3 台以上で冗長化したもので、たとえ 1 台故

障しても回復可能な構成になっており、RAID10 は HDD4 台を 2 台づつ
ストライピングした上でミラーリングし安定性と高速性の両方を狙った構
成です。また、マザーボード上に m.2 のソケットがあり、m.2 の SSD を
搭載することが可能です。m.2 の SSD にも規格が複数存在している時代
なので、マニュアルを見て選択しましょう。

BIOS で m.2 の SSD を認識はするものの、SATA 接続の SSD や HDD
がない場合には ubuntu のブートプログラムは m.2 の SSD からは起動で
きませんでした。Windows は m.2 の SSD から起動できました。そのため、
m.2 の SSD を用いる場合でも、他に SATA 接続の SSD、もしくは HDD
を最低 1 台接続しておくと良いようです。

6.8 GPU & GPU電源

GPU には、6pin と 8pin の 2 系統の補助電源を繋ぎます。ベアボーン
には電源 1 系統で 6pin+8pin のコネクタがありますが、同じ系統のまま
GPU ボードに給電しても動作に問題は見られません。電力は変動が大き
いため、できれば余るはずの旧式 HDD 用 12V の太目の 4pin コネクタを
8pin に変換するケーブルコネクタを用いて、異なる電源系統に接続して
おくと良いです。RTX シリーズでは 8pin × 2 のコネクタになるので、変
換ケーブルが必要になります。

GPU の電源ケーブルがメモリと HDD の取りつけ金具の間をくぐるこ
とになるので、配線を通す経路には要注意です。空気の流れを阻害しない
ような位置を通せるよう、ケーブルの長さに少し余裕を持たせるため、延
長ケーブルを利用することを検討しましょう。

6.9 SSD / HDDと取りつけ金具をつなぐ

SSD や HDD を取りつけます。m.2 の SSD はマザーボードに取りつけます。
SSD の 2.5 インチタイプや HDD は取りつけ金具に取りつけます。SSD/
HDD の金具への取りつけを終了した後、取りつけ金具ごとケースに取り

つけ、電源と SATA ケーブルを接続します。SSD や HDD はネジが ISO ネジとインチネジの場合があり、メーカーによって傾向が違うので、確認しながら取り付けます。無理にネジ止めすると、ネジ山を潰してしまい、一度分解すると締められないとか、分解しずらくなる場合があります。

6.10　スパコンの出来上がり

ここまで来たら、全体に作業結果の確認をして、スパコンの出来上がりです。初めて電源を入れます。

動作確認のためには、HDMI ディスプレイ、キーボード、およびマウスを接続する必要があります。USB キーボード、USB マウスを USB ポートに接続します。HDMI ディスプレイを、GTX1080TI の HDMI ポートに接続します。次に、電源を投入します。BIOS の起動画面が表示されれば、基本的にハードウエアは動作していると考えて良いです。

6.11　トラブルシューティング

仮にこの段階でディスプレイが表示されない場合は、問題の切り分け作業に入ります。何か部品の取り外しや取りつけ作業を行うには、一度電源ケーブルを外した状態で作業をします。静電気にも注意して、ゆったりと作業しましょう。

第 1 段階は、GTX1080TI を取り外し、HDMI のディスプレイケーブルをケース背面の HDMI ポートに接続し、再度電源を入れます。ここで BIOS の起動画面が出るようであれば、BIOS の "Initial Graphic Adapter" を PCIE に変更します。この項目を OnBoard に設定しないようにします。

問題が解決したら、GTX1080TI を再度取りつけます。

問題が解決しない場合には、PC として動作していないことになるので、第 2 段階となります。第 2 段階はトライアンドエラーで動作しない部品や配線の間違いを探し出します。HDD、メモリ、CPU を一度にひとつづつ順番に確認していきます。余分な PC をお持ちであれば、部品を一つずつ

実績のあるものと交換して、動作しない部品の範囲を狭めていき、粘り強く問題のある部品を特定し、良品と入れ替えます。

部品から PC を組み立てる場合は、基本的に全て自己責任になるのですが、一部の PC ショップでは、問題解決を有料でサポートしている場所や、ギブアップ券などを用意している場合があります。問題のある部品が特定された場合には、パーツの販売店によっては初期不良として交換してくれるケースもありますが、対応期限が非常に短いことも多いです。

6.12 BIOS設定

まず最初に電源を入れ、DELETE キーを押し、BIOS 画面に入ります。ここで、以下の設定を確認します。

Main 画面において、CPU とメモリが正しく認識されていることを確認していきます。もし SZ170R8 を利用している場合には、第 7 世代の CPU では起動しない場合があります。そのときはいったん第 6 世代等の CPU を用いて BIOS アップデートを実施し、そのあとで第 7 世代の CPU に変更する手順となります。

Advanced 画面を確認します。

次に、SATA Mode Configuration の画面にて、HDD や SSD の認識を確認します。CPU Configuration は変更の必要はありません。CPU Configuration 画面では、CPU 温度やファン動作を確認できます。Boot 画面では、ブートデバイスの優先順位を設定します。インストール作業のためには、USB 外付け DVD ドライブを先頭に設定します。

6.13 ubuntu環境の構築

GPU マシンをいったん離れ、OS インストールメディアの準備をします。他の PC で、Ubuntu アーカイブサイトから最新の Ubuntu 18.04.03 イメージをダウンロードする必要があります。2019 年 9 月現在、ubuntu-18.04.3-desktop-amd64.iso です。iso 形式を DVD メディアに書き込みます。

再度 GPU マシンに戻ります。USB 接続の DVD プレーヤーを Ubuntu 18.04.03 メディアと USB ケーブルでマザーボードに接続します。マザーボードの電源を入れます。Ubuntu のインストール手順に従ってください。インストール終了して再起動すると、ブート選択画面になります。

リモートログインを使用するには、openssh-server を次のようにインストールする必要があります。

```
$ sudo apt install openssh-server.
```

次のように、Ubuntu システムを更新してアップグレードする必要があります。

```
$ sudo apt update
$ sudo apt upgrade
```

OS をインストールして ssh サーバを入れたので、後はリモートのマシンのターミナルソフトから、ssh でリモートログインして作業をすることもできます。

GPU パラレルマシンの IP アドレスと openssh-server を設定した後は、ネットワーク経由で ssh ログインできますので、HDMI ディスプレイは必要ありません。

7. 機械学習のためにGPUソフトウエアをインストールしよう！

ここでは、GPU による AI 処理マシンを組み立てたばかりでのマシンの

動作確認の意味で、最低限のソフトウエアの構成例を紹介します。各種ライブラリの詳しい使いこなしについては、あまり触れていません。各ライブラリの内容については、参考文献を参照してください。

　まず、最低限の AI 処理のためには、CUDA、cudnn ライブラリ、機械学習フレームワークの３種類のソフトウェアをインストールする必要があります。ここでは、CUDA と cudnnlib のインストール方法について説明します。また、３つの機械学習フレームワーク（Keras, pytorch, Chainer）のうち Keras を紹介します。

7.1　Ubuntu18.04ベースのGPU並列マシン

(1)　ソフトウエアの構成

　ここで利用するソフトウエア群の構成を図７に示しました。CUDA は Compute Unified Device Architecture の略で、コンパイラ、デバッガなどを含めた並列コンピューティングのための統合開発環境です。cuDNN は、Deep Neural Network(DNN) で使われる基本的な機能をまとめた CUDA ライブラリです。多くの AI フレームワークから簡単に呼び出して使えるようになっていて、個々のフレームワークごとに CUDA コードを別々に書くという無駄を省いてくれます。GPU メーカーの NVIDIA が提供しているので、GPU への最適化もされていて、高性能になります。

　Python 環境は、conda の仮想環境である anaconda を最小限のパッケージにした miniconda を用います。tensorflow は、多次元のデータ構造を流れるように処理し、ディープラーニングを行います。コア部分は C++ で実装されていて、ユーザ向けには Python のインターフェースが提供されます。柔軟性も性能も高いベーシックなフレームワークです。Keras は、迅速な実験を可能にすることを主眼に、Python で書かれた Tensorflow、CNTK、Theano 上で実行可能な高水準なニューラルネットワークライブラリです。

mnist_cnn.py	
Keras	
Tensorflow	
CuDNN	
python	
virtualenv	CUDA
miniconda	C
OS	
PCハード	GPU

図 7

こららのソフトウエア群を組み合わせて用いることで、ユーザは Keras のニューラルネットワークの高水準ライブラリを Python で利用することができます。内部的に速度の必要な部分は C ライブラリが利用され、GPU を効率良く走らせる効果を得ることができます。

内部的な仕掛けは、図 8 のように、nvcc(NVIDIA C Compiler) が重要で、CPU/GPU 混合の C 言語ソースコードをコンパイルし、GPU コードと CPU コード混合の実行コードを生成します。すなわち、NVIDIA から提供される CUDA, CuDNN, nvcc を使っていると、GPU/CPU にそれぞれ分担を配分した実行コードが作り出されます。

(2) CUDA Software

CUDA ソフトウェアについては、次のサイトにアクセスしてください。
https://developer.nvidia.com/cuda-downloads

CUDA インストール先の選択では、プラットフォームメニューで、"Linux"、"x86_64"、"Ubuntu"、"18.04"、"deb（local）" を選んでください。ダウンロードするファイルのサイズは約 1.9GB です。選択すると、以下のコマンドが表示されるので、実行します。（インストールする日によって表示され

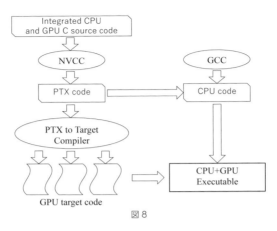
図8

るコマンドは異なりますので、表示に従ってください。)

 wget https://developer.download.nvidia.com/compute/cuda/repos/ubuntu1804/x86_64/cuda-ubuntu1804.pin
 sudo mv cuda-ubuntu1804.pin /etc/apt/preferences.d/cuda-repository-pin-600
 wget http://developer.download.nvidia.com/compute/cuda/10.1/Prod/local_installers/cuda-repo-ubuntu1804-10-1-local-10.1.243-418.87.00_1.0-1_amd64.deb
 sudo dpkg -i cuda-repo-ubuntu1804-10-1-local-10.1.243-418.87.00_1.0-1_amd64.deb
 sudo apt-key add /var/cuda-repo-10-1-local-10.1.243-418.87.00/7fa2af80.pub
 sudo apt-get update
 sudo apt-get -y install cuda

　これでCUDAライブラリ(Cuda10.1 update2)がインストールされます。
　GTX1080TIはCUDA8でサポートされていますので、最新版で何か問題があればCUDA8まで戻せます。

（3） Minicondaのインストール

wget コマンドを使用し、Miniconda for Python ライブラリをダウンロードします。

> $ wget https：// repo.continuum.io/miniconda/Miniconda2-latest-Linux-x86_64.sh
>
> $ bash Miniconda2-latest-Linux-x86_64.sh
>
> Welcome to miniconda2 4.3.21（by Continuum Analytics、Inc.)

インストールプロセスを続行するには、ライセンスを確認し合意のステップがあります。 利用条件を確認し、問題なければ ENTER キーを押して続行してください。

\>>>

…

$ source ~/.bashrc

$ conda update conda

参考：Conda の xxx ライブラリをインストールするには、次の conda コマンドを実行します。

$ conda install xxx

xxx ライブラリを検索するには、次のコマンドを実行します.

$ conda search xxx

（4） virtualenvのインストール

virtualenv は仮想環境に特定の Python をインストールするために便利なコマンドです。ここでは Python2.7 を使用します。

まず、virtualenv をインストールするには、conda コマンドを実行します

$ conda install virtualenv

いったん端末を閉じて端末を再度開きます。
virtualenv コマンドは p27 環境を作成します（python2.7 環境）

$ virtualenv p27

(5)　cudnnlibのインストール

この作業はステップが長いので、注意して進めてください。

cudnnlib をダウンロードするには、次のサイトにアクセスする必要があります。

https://developer.nvidia.com/rdp/cudnn-download

CUDA に対応した正しい cuDNN ライブラリを選択することが非常に重要です。

ここでは、先ほど CUDA10.1 をインストールしたので、CUDA10.1 用の cuDNN v7.6.3 の Ubuntu18.04 用を選び、ダウンロードします。

いま利用している GPU ボードである GeForce GXT 1080 Ti ボードは、cuDNN v5.1 ベースであるため、cuDNN v5.1 以降を選択すればよいはずですので、何か問題があった場合は 5.1 まで戻すことがありえます。

インストールできないときには

GPU カードにより、必要な CUDA バージョンがあり、必要な cuDNN バージョンがあります。昨今はインストールしやすくなっていますが、少し前のバージョンは、ファイルが複数存在する場合もあり、手順が多くなることがあります。

.bashrc ファイルに 1 行追加します。

alias p27='source ~/p27/bin/activate'

p27 コマンドで python2.7 の仮想環境を生成するために必要です。

次に、dpkg -i コマンドで先ほどのファイルをインストールします。

$ sudo dpkg -i cuda-repo-ubuntu1804-10-1-local-10.1.243-418.87.00_1.0-1_amd64.deb

ここで reboot します。

$ nvidia-smi

これで GPU の情報が表示されれば、GPU をソフトウエアから操作できる環境が出来ていることが確認できます。

7.2　機械学習フレームワーク　Kerasのインストール

keras と tensorflow-gpu をインストールするため、次のコマンドを実行します。

（p27）$ pip install keras tensorflow-gpu

"python -V" コマンドは python のバージョンを表示します。

$ python -V

python 2.7.13

Python 2.7.16 :: Anaconda, Inc.

"pip -V" コマンドは pip バージョンを表示します。

$ pip -V

pip 19.2.2 from /home/udagawa/miniconda2/lib/python2.7/site-packages/pip (python 2.7)

7.3　matplotlibのインストール

　グラフを Linux 環境で表示するためのアプリをインストールしておきます。機械学習の結果を見やすくするためです。

$ conda install matplotlib

7.4　Kerasアプリの実行例

一つの Keras アプリを実行してみます。

$ conda install matplotlib

　次に、mnist の GPU 学習版、keras_cnn.py をダウンロードします。.bashrc ファイルに 1 行挿入します。
　take='http://web.sfc.keio.ac.jp/~takefuji'
　$ source .bashrc

keras_cnn.py ファイルをダウンロードします。
$ wget $take/keras_cnn.py
$ python keras_cnn.py

Using TensorFlow backend.
x_train shape: (60000, 28, 28, 1)
60000 train samples
10000 test samples
Train on 60000 samples, validate on 10000 samples
Epoch 1/ 12
…

Test loss: 0.0271579699688

Test accuracy: 0.9911

　ここまで確認できれば、GPU を稼働させて AI アプリ開発環境の一つが出来上がったことになります。

参考文献

1. Yoshiyasu Takefuji, *GPU parallel computing for machine learning in Python: how to build a parallel computer*, Independently piblished, 2017.

2. 武藤佳恭『超実践 アンサンブル機械学習』近代科学社、2016 年

人工知能社会のこれから──あとがきに代えて

A I society in the future

For AI society in the near future, the followings must be prepared by us for fulfilling our responsibility as the role of adults: 1) we need to reform the drastic education for children because AI will take our current jobs, 2) the gap between rich and poor must be filled by regulations, 3) regulations for incubating good-will AI systems are required where malicious Frankensteins should not be used in our society, and 4) we should be ready for diversity in AI society.

(Yoshiyasu Takefuji)

ＡＩの現在と展望

　人工知能の存在が身近なものになってきました。そのインパクトは絶大なものといえるでしょう。

　従来、計算処理を行うには専門家が何らかのモデルを立て、法則を導き、その上で計算処理の自動化プログラムを開発して実現するのが普通でした。ディープラーニングをはじめとする機械学習は、モデルや法則を抜きに大量の教師データを学習させると、人間の計算よりも精度の高い結果を導くことがあります。そこには、モデルや法則がないので、なぜそういう結果が出るのか、ある程度は予測することが可能ではあるものの、人間が理解可能なまでに簡単な論理的説明を明確にするのはなかなか難しく、しっくりこない場合が多いです。

　しかしAIを用いることで、従来の方法では上手くいかなかった問題が解けたり、精度の出なかった問題でも、より精度の高い結果が得られることがしばしばあります。こうしてAI処理の将来を考えると、従来よりも大量のデータと計算パワーを必要とすることが多いので、ハードウエアの進歩やデータの集積が進めば進むほどに、さらに良い結果を導くことができ、その性能への期待感は高まるばかりです。適用可能な分野はますます広がっていきそうです。

　そこで用いられているデータは、たいてい大学の教授陣や一部の研究機関だけが独占的に有しているのではなく、仕事現場に存在しています。現場のデータを効率よく収集蓄積するためには、場合によってはIoTシステムの追加や既存のシステムの改良が必要になりますし、これから新たにデータの蓄積を始めなければならない可能性もあります。

こうして難しい理屈よりも、実際に試行錯誤しながら精度を上げていくプロセスは、現場に知恵と材料が埋もれている可能性があり、日本のエンジニアが得意な領域とも思われます。その意味では、AI は宝探しのチャンスとも言えるのです。油断して現場から離れたオフィスで頭のみで考え GPU クラウドを利用してばかりいると、外国製のクラウドにデータや経験値を吸い上げられてしまうかもしれません。

　このところ「AI の性善説・性悪説」「AI は怖い」などさまざまな AI の話題が飛び交っていますが、4 章のフランケンシュタインの例にあるように、技術の良し悪しそしてその使途の良し悪しは、技術開拓者や技術そのものにあるのではなく、あくまで技術を用いる人たち、すなわち利用者が決めることになるのです。使用者しだいで、その技術は善意的にも悪意的にも用いることができてしまうということです。したがって、利用する側の倫理やセキュリティも同時に養わなければなりません。

　一方で、AI の競争力は良い学習データの集積次第で見い出されていきます。中央集権的な活動の方が大量のデータが集められそうですし、自立分散型の活動の方が質の揃った粒ぞろいのデータが集まるかもしれません。

　最先端の AI 技術はオープンソースで発展しているので、プログラムに関しては自立分散型の方が優位でした。今後、データの量と質を上げていくにはどう進めていけばよいのか、新たな競争に挑んでいくべきだということです。

　安価な機械学習処理の環境が手に入り、データのある現場に近いエンジニアが AI 処理の環境と利用のノウハウを活かすことができれば、現場のレベルは上がりさらには社会の資質が高まる可能性があるということです。

　そうしたことを念頭に、現在は社会変革の入り口途上にあるので、今後の進展に期待を膨らませながら、AI の戦略的思考を身につけて幅広く多くの分野で展開していただければ幸いです。

（宇田川誠）

著者紹介

武藤 佳恭 *Yoshiyasu Takefuji*

1955 年生まれ。慶應義塾大学環境情報学部教授、工学博士。中国山東省経済顧問。フィンランド Jyvaskyla 大学 Docent Prof.。専門はニューロサイエンス（人工知能、機械学習、セキュリティ、IoT）。

慶應義塾大学で博士号取得後、渡米。米国サウスフロリダ大学、サウスキャロライナ大学にて教員勤務を経て、1992 年ケースウェスタンリザーブ大学にてテニュア取得。カメラ付携帯電話、紙幣鑑別機、脳腫瘍判別機、震災後の温度差発電や床発電などの代替エネルギー製品などを発明している。主な著書に『発明の極意──いかにしてアイデアを形にするか』（近代科学社）、『発見・創発できる人工知能 OTTER』（近代科学社）、『超実践アンサンブル機械学習』（近代科学社）など多数。主な賞として米国 NSF RIA 賞（1989）、TEPCO 賞（1993）、KAST 賞（1993）、NTT エデュケーション・コースウェア賞（1999）、第 1 回 JICA 理事長賞（2004）、フィンランド Jyvaskyla 大学 AI 称号などを受賞。

世界で初めて Science 誌に人工知能論文が掲載されるなど人工知能の第一人者で、世界のインパクトファクターを示す ResearchGate（2019 年 10 月時点）では、Arduino 1 位、BIM 1 位、Wireless-Computing 2 位、Computer-Technology 3 位とコンピュータ分野で確固たる地位を築いている。

宇田川 誠 *Makoto Udagawa*

1958 年生まれ。慶應義塾大学大学院政策・メディア研究科特任教授。アプライド AI 株式会社取締役。専門は情報セキュリティ、人工知能、クラウドサービス、プロジェクトマネージメント。

慶応大義塾大学で工学修士号を取得後、富士ゼロックスに入社。同社にて二度のアメリカ駐在を経て、2018 年 9 月までコンピュータシステムの研究開発および商品開発に従事。1995 年より慶應義塾大学非常勤講師となり、2018 年 11 月より現職。主な論文に「PKI 技術紹介と Xnet（社内電子認証局）における BS7799-1：1999ISMS 構築」宇田川誠、森久三、神林彰『情報処理学会誌 Vol43, No11, 2002』、「PKI 技術とデバイス証明書」黒崎雅人、稲田龍、宇田川誠、益井隆徳『富士ゼロックステクニカルレポート No15,2005』などがある。

イノベーションする AI

2019 年 11 月 20 日　初版第 1 刷発行

著者————武藤佳恭・宇田川誠
発行者————神田　明
発行所————株式会社 春秋社
　　　　　〒101-0021 東京都千代田区外神田 2-18-6
　　　　　03-3255-9611（営業）
　　　　　03-3255-9614（編集）
　　　　　振替 00180-6-24861
　　　　　http://www.shunjusha.co.jp/
装幀者————河村　誠
印刷製本————萩原印刷 株式会社

Yoshiyasu Takefuji, Makoto Udagawa 2019 Printed in Japan
ISBN978-4-393-35001-0
定価はカバー等に表示してあります。